회계의 신이 알려주는
주식투자
생존법

회계의 신이 알려주는

주식투자 생존법

구성섭 지음

쌤앤파커스

프롤로그_ 주식으로 2억 날린 회계사의 이야기   8

책을 읽기 전에_ 이 책이 주식 투자하는 당신에게 왜 필요할까?   14

PART 1 {원리} 재테크로 돈 벌기 위한 필수 지식 익히기

아무도 돈 버는 법을 알려주지 않았다. 심지어 부모님조차⋯   23

글로벌 금융위기로 예측하는 미래 자산가치 ┃ 현금은 태생적으로 실물투자를 위한 5분 대기조
┃ 저성장 시대, 영원히 현금에서 실물투자로 가기 힘들 수 있다

그렇다면 돈을 어떻게 벌 것인가?   33

금수저가 진짜 부러운 이유, 실력이 뛰어나다 ┃ 돈 버는 데 제일 좋은 공부는 '부채' 공부 ┃ 자산
이 확실히 오른다면 관리 능력도 필요없다

좋은 주식 고르는 법   41

나보다 더 열심히 사는 기업을 고르자 ┃ 열심히 산다고 다 돈 버나? 똑똑한 기업을 고르자 ┃ 한
국에서 가장 높은 빌딩을 지을 기업은 ┃ 신경 안 써도 돈을 척척 잘 버는 기업

투자꿀단지 좋은 부동산 고르는 법   54

부동산은 '입지'와 '상품'으로 접근한다 ┃ 출산율이 내려가면 학군지역 부동산은 하
락할까 ┃ 왜 한국인은 아파트에 열광하는가

PART 2 {전략} 주식시장을 예측하는 트렌디한 회계 지식

확 바뀐 산업지형? 주식 투자의 답은 시가총액에 있다　　　67
시가총액 250조 원에 달하게 될 2위 기업은

카카오와 네이버, 당신은 어디에 투자하겠는가?　　　74
결국 금융 플랫폼에서 맞붙을 세기의 대결 | 주식으로 돈을 벌 기회가 보이기 시작했다

테슬라 같은 성장주는 언제까지 오를까?　　　92
영구성장률도 모르고 주식 투자를 하겠다고?

주식, 부동산의 자산가치는 끝물로 가고 있는가?　　　103
일본의 잃어버린 30년으로 보는 금리 예측 | 미중 무역전쟁으로 보는 미래 자산가치 예측 | 정부의 빚은 멈추지 않는다 | 한국과 일본을 비교해서 예측하지 말자

자본주의 사회는 시속 4km로 움직이는 러닝 머신과 같다　　　122
세상에서 돈을 버는 게 가장 쉬웠던 사람들 | 저금리 수익률에서 더욱 중요해지는 근로 소득

성장주가 될 종목을 간파하는 노하우　　　129
마치 국민연금처럼 고급화된 투자 훈련을 하자 | 돈을 벌려면 위험을 매번 피할 순 없다: 주식 리스크 관리법

 멀리 내다보고 크게 놀자　　　142
아이에게 종잣돈을 만들어주고 주식을 선물하라

PART 3 {실전} 제대로 읽으면 돈 버는 기업이 보인다!

좋은 기업과 망할 기업의 재무제표를 분석하는 스킬　　149
안정성, 수익성, 성장성을 모두 갖춘 회사

투자하는 동안 절대 망하지 않을 회사 - 안정성 지표　　152
잘나가는 기업이 곧 부도날 회사로 보인다고? | 농심, 장고 끝에 놓은 신의 한 수 | 부채비율은
착시 효과일 뿐, 진짜 위험한 부채는 차입금의존도 | 동기들을 돈방석에 앉혀준 이자보상비율

수익을 내야 진짜 기업이다 - 수익성 지표　　169
상품 자체의 마진율인 매출총이익률에 집중하자 | 투자액 대비 수익성을 따져봐야 한다

최고의 주식 트렌드, 주가의 최대 호재 - 성장성 지표　　178
만년 적자이지만 가장 무서운 회사로 급부상할 쿠팡

회사의 자산이 노는지 일하는지 체크하자 - 활동성 지표　　184
쉬지 않고 소처럼 일하는 쿠팡 vs. 잠시 쉬어가는 롯데쇼핑 | 재고자산회전율을 보면 재고 과다
기업이 보인다 | 투자에 확신을 갖고 싶다면

투자 꿀단지　재무제표 직접 찾아보는 법　　192
기업의 재산 상태를 한눈에 보여주는 재무상태표 | 기업의 수익성을 알 수 있는 손
익계산서 | 진짜 현금의 흐름을 알려서 위기 때 빛을 발하는 현금흐름표 | 자본의
변동 내역을 보여주는 자본변동표 | 부족한 2%를 채워주는 정보의 바다, 주석

PART 4 {완성} 업종별 재무제표 공략법

뭐니 뭐니 해도 한국의 주도주, 반도체 업종   201
판매가격이 영업이익을 좌우한다 | 감가상각비 비중이 큰 반도체 업종 | 투자 팁: 반도체는 뉴스만 봐도 매수매도 타이밍을 맞힐 수 있다

새 시대에 맞춰 탈바꿈하는 자동차 업종   211
원재료 비중이 큰 자동차 업종 | 광고선전비와 판매보증비용이 많이 발생한다 | 유형자산 비중이 작다 | 투자 팁: 현대차는 조정 올 때마다 꼭꼭 사서 쟁여두어라

운전자본 관리가 핵심인 유통업 업종   219
오프라인 유통업의 엄청난 운전자본, 재고자산 | 쿠팡이 잠자는 사자 두 마리를 깨우면 | 투자 팁: 매출액 전쟁에서 승자가 나올 때까지 기다려보자

CMO, CDO, CRO를 모르고 바이오 업종에 투자한다고?   231
바이오 회사 치고 유형자산이 많은 이유 | 제약, 바이오 업종의 마일스톤이란 | 투자 팁: 큰 수익을 노리면 신약개발사에, 아이의 세뱃돈은 삼바에!

영업이익률로 꿰뚫어 보는 게임 업종   239
퍼블리셔가 도대체 뭐지 | 엔씨소프트와 넷마블이 서로 손을 잡다니 | 모바일게임 시장의 또 다른 변수, 앱 마켓 | 투자 팁: M&A를 통해 위기를 돌파하고 만능이 될 기업에 주목하자!

에필로그_ 인생을 한 단계 업그레이드할 대예측

주식으로 2억 날린 회계사의 이야기

개인이 하는 주식은 투자일까? 투기일까? 투자는 쓴 돈보다 많이 벌어야 한다. 이게 정상적인 투자인데, 개인이 하는 주식 중에 투자는 별로 없다. 그럼 투기일까? 투기의 정의는 하이 리스크 하이 리턴high risk high return이다. 그런데 개인이 하는 주식은 투기도 아니다. 여러분이 하는 주식, 친구가 하는 주식을 보라. 이상하게 리스크만 높고, 리턴(수익)은 낮거나 심지어 마이너스인 경우도 많다. 그럼 개인이 하는 주식은 투자도 아니고 투기도 아니면, 무엇이란 말인가?

개인이 하는 주식을 필자는 '레저leisure'라고 표현한다. 여름이면 가족들과 휴양지에 다녀오면서 몇백만 원씩 쓴다. 레저는 즐긴 만큼 반드시 돈을 쓰게 되어 있다. 요즘 사람들이 주식 투자하는 것과 비슷하다. 회사 다닌 지 3년 차, 5년 차, 7년 차, 10년 차, 15년 차가 되면 매너리즘에 빠진다. 그때 선배가 묻는다. "너 요즘 왜 이렇게 힘이 없어?" 여러분은 답한다. "몰라요. 일에는 익숙해졌는데, 사는 게 별로 재미없네요."

그때 선배가 얘기한다. "너 이 종목에 한번 투자해봐. 인생이 다이내믹 해질 거야." 보통 이렇게 주식을 시작한다. 요즘 소위 동학개미 운동을 통해 주식시장에 들어온 분들도 결과적으로는 레저일 가능성이 매우 높다. 주식을 하기 전에는 월요일이 가장 싫었는데, 주식을 시작하면 월요일이 기다려진다. 주식 개장 시간인 9시가 되면 빨간불(상승)이 들어오면서 하루를 기분 좋게 시작한다. 그러다 폐장 시간인 오후 4시가 되면 파란색(하락)으로 마무리되면서 기분도 다운된다. 상승과 하락을 반복하는 주식 차트를 보고 있노라면 지루할 틈이 없다. 남들은 하루하루 지루한 삶을 살고 있는데 주식투자자는 지루할 새 없이 하루가 금방 간다. 그러니 웬만한 레저보다 더 흥미롭다.

필자는 남의 불행을 쉽게 유머 삼지 않는다. 모두 경험해보고 하는 이야기이다. 필자는 개별 종목에 2억 원을 투자했다가 수개월 만에 상장폐지로 모두 날린 사람이다. 더 충격적인 것은 그중에 1억 5,000만 원을 마이너스 통장으로 투자했다는 사실이다. 배우자는 지금까지 이 사실을 모른다(이 책이 출간되고 나면 알게 될 것이다). 그렇다면 회계사가 어떻게 바보같이 2억 원이나 날렸을까?

그동안 필자는 우량주 위주로 투자해서 용돈벌이 정도 했다. 그런데 어느 날 고등학교 선배가 언제까지 그렇게 푼돈만 투자할 거냐고 했다. "이 종목에 투자해서 큰돈 좀 벌어봐. 그러면 인생이 다이내믹 해질 테니까." 아니나 다를까 며칠간 상한가를 갔다. '돈은 이렇게 버는 것이구나.' 월급이 우스워 보였다. 그러던 어느 날 연속 하한가를 가는 것이 아닌가? 그래서 손절하겠다고 마음먹었는데 거래 자체가 안 되었다. 그대로 상장폐지되고 말았다. 그 선배의 말처럼 몇 달 동안 인생이 다이내믹 했다. 지루할 틈이 없었다. 필자 역시나 주식을 레저로 했던 것이다.

시간이 지나고 주변 사람들이 이 큰돈을 잃고 어떻게 이렇게 긍정적일 수 있냐고 물었다. 웬만하면 무너졌을 거라고…. 필자는 2억 원짜리 레저를 즐겼다고 생각했다. 그나마 돈만 쓰고 시간은 안 썼으니 다행 아닌가? 2억 원으로 세계여행을 가면 최소한 1년간 휴가를 내야 할 텐데 말이다. 긍정적이어야 살아갈 수 있다. 돈은 다시 벌면 되는 것이다. 여러분은 막상 이런 생각이 들 수 있다. 2억을 날린 회계사가 쓴 책을 읽어도 되겠느냐고 말이다. 필자가 잃은 얘기만 했지, 돈을 크게 번 이야기는 하지 않았다. 명심해라. 투자는 끝날 때까지 끝난 게 아니다. 조금 벌었다고 방심해도 안 되고, 조금 잃었다고 세상이 다 끝난 것처럼 살아서도 안 된다.

사람들이 유명 회계법인을 10년간 잘 다니다가 왜 퇴사했느냐고 묻는다. 배우자 모르게 월급만으로 1억 5,000만 원의 빚을 감당할 수 없었다. 2억 원짜리 레저가 본의 아니게 필자에게 새로운 삶에 대한 용기를 주었고, 사람들에게 기업을 분석하는 방법과 올바르게 투자하는 법을 알려야겠다는 사명감을 갖게 했다. 그 이후로 삼성전자, SK그룹, 현대차, 기아, 현대모비스, 포스코, 삼성물산, KB금융, 신한지주, 삼성생명, 한국전력, 삼성에스디에스, 하나금융지주, 롯데케미칼, HMM, 한국조선해양, 한화솔루션, S-Oil, 금호석유, KT, 기업은행, 현대제철, CJ제일제당, 미래에셋대우, 두산중공업, 이마트, CJ대한통운, 녹십자, 삼성카드, 한국항공우주, GS건설, 롯데쇼핑, 삼성증권 등 다수의 기업에 강의를 다녔다(참고로 실제 다닌 회사의 10%도 말하지 않았다).

눈치챘는가? 강의 경력을 얘기하면서도 코스피 시가총액 순서로 말했다. 눈치가 이 정도는 되어야 주식 투자에 감각이 있다고 말할 수 있다. 코스닥 기업과 더 많은 비상장 회사들에서 강연했던 이력은 생략하겠다. 그렇다면 거기서 무슨 강의를 했냐고? 누구나 살면서 알아야 하는 회계와 재무지식을 이해하기 쉽게 설명했다. 감사하게도 긍정적인 강의 후기가 쏟아진 덕분에 7년간 전국을 돌며 수만 명의 수강생을 만날 수 있었다. 아래는 기억에 남는 몇몇 수강 후기들이다.

"구 회계사의 강의가 시작되고 5분 만에 이 사람을 친구로 만들어야겠다는 생각이 들 정도로 매료되었다."

"은퇴를 앞둔 임원으로서 구 회계사를 만난 것은 엄청난 행운이었습니다. 조금 더 일찍 만났더라면 내 노후는 더 밝았을 것입니다."

"재무제표를 좀 안다고 생각했는데, 이 분의 강의를 듣는 순간 어디서도 듣지 못한 새로운 접근법에 충격을 받았고 경이롭기까지 했다."

"재무제표라고 해서 강의 자체가 지루할 거라는 편견이 있었는데, 회계를 재테크와 관련해서 설명해주니까 완전히 몰입해서 들었다."

여러분이 소중한 시간을 들여서 책을 읽어도 되는지 확인시키기 위해 필자를 좀 더 소개하겠다. 삼일회계법인에서 삼성전자를 감사했고, 각종 M&A, 사업타당성 분석, 밸류에이션 등 숫자로 된 업무는 웬만한 걸 다 해보았다. 지금은 본업으로 회계감사와 컨설팅을 하면서 동시에 강연을 활발하게 다니고 있다. 이제는 그 노하우를 더 많은 분에게 전달하고자 책을 쓰게 되었다.

필자는 수많은 기업 특강을 다니며 우리나라 상장사들의 저력과 미래를 보았다. 우리나라 대표기업들은 절대 무너질 리 없으니 자신 있게 투자해라. 왜냐하면 재무팀이 아님에도 불구하고 상장사 대표기업들의 전 직원이 필자에게 손익분석과 경영마인드 수업을 듣고 숫자와 재무지식으로 무장하고 있기 때문이다. 그러한 임직원이 있는 기업들은 반드시 일어서게 되어 있다. 거기에 조금이나마 일조했다고 생각하니 감사할 따름이다. 한국은 교육으로 시작해서 교육으로 끝나는 나라이다. 천연자원도 없고, 기축통화국도 아니고, 인구도 많지 않다. 하지만 한국이 OECD 국가 중에서 상위에 있는 이유는 개개인의 지적 능력만큼은 세계 톱이기 때문이다. 여러분도 이 책을 통해 그 대열에 합류하게 될 것이다. 이 말은 곧 우리나라에 있는 주요 상장사들 가운데 여러분이 투자할 만한 회사가 꽤 많다는 뜻이다.

그렇다면 필자의 회계 강의는 무엇이 어떻게 특별할까? 여러분들을 금융인보다 더 주식 투자를 잘하게 만들어줄 것이다. 아이러니하게 투자 수익률이 가장 안 좋은 직업군이 증권사 직원, 은행원, 회계사라고 생각한다. 업무로 금융을 다룬다고 해서 돈을 꼭 잘 버는 것은 아니다. 그러니 오히려 비금융인들이 공부했을 때 실전에서 더 큰 수익을 올릴 수 있다.

책에는 비금융인들이 주식 투자를 위해 가장 기본적으로 살펴봐야 할 재무제표를 마치 강의하듯이 최소한의 전문용어와 쉬운 비유를 사용해 설명했다. 더불어 회계지식만큼이나 중요한 멘탈 관리법도 알려주고 있다. 주가가 곧장 오르지 않는다고 쉽게 매도했다가, 매도한 종목의 주가는 급등하고 갈아탄 종목의 주가는 뚝뚝 떨어지는 경험을 해봤을 것이다. 인내하는 시간이 주식의 리스크라는 것을 안다면 의미 없이 매도와 매수를 하는 실수는 하지 않는다. 오히려 그 시간에 주식시장을 예측하면서 좋은 종목을 발굴할 것이다.

필자는 평생 부자들의 조력자로 살면서 이렇게 돈을 불린 자산가들을 많이 보았다. 부자들은 관심 있는 업종을 오래 관찰하다가 돈을 벌 기회에 확신을 갖고 큰돈을 투자한다. 그들을 지켜본 필자는 부자들이 자식에게만 가르쳐주는 돈 버는 비법을 알게 되었다. 그러니 필자와 함께 초심으로 돌아가 기초부터 천천히 내공을 쌓아보자. 우리가 해야 할 일은 부자의 감각을 얻기 위한 훈련이다. 이 책을 통해 투자 고수의 경험과 통찰이 모두 당신의 것이 될 것이다.

구성섭

이 책이 주식 투자하는 당신에게 왜 필요할까?

"주식 투자할 때 재무제표를 꼭 알아야 하나요?"

이러한 비유를 들어 답변하겠다. 결혼을 앞둔 A에게 1억 원을 호가하는 고급승용차를 보유한 예비 배우자 B가 있었다. 외형만 보면 언뜻 좋은 조건을 갖춘 듯 보이지만 재무제표를 공부한 사람이라면 반드시 질문할 것이다. "1억 원의 고급승용차를 어떻게 샀어요?" B가 답했다. "1,000만 원은 제가 모은 돈이고, 나머지 9,000만 원은 딜러가 고금리(높은 금리)로 빌려주던데요." B는 고급승용차의 타이어와 문짝만 소유한 것이나 마찬가지이다. 여러분의 인생을 이러한 사람에게 맡길 것인가?

재무제표로 비유하면 고급승용차 1억 원이 총자산이고, 딜러에게 빌린 9,000만 원의 부채를 빼고 나면 B의 순자산(자본)은 타이어와 문짝만 남는다. 상장사 중에 이와 같은 기업들이 꽤 있다. 여러분의 피 같은 돈을 잃기 전에 재무제표를 통해 이러한 기업은 일찍이 걸러야 한다. 외형 자산만 보고 마냥 좋아하지 않고, 그 자금의 출처를 반드시 살펴야 한다. 우리가 특정 회사 자산의 자금출처를 물어본다고 회사는 구두로 답해주지 않는다. 대신 재무상태표에 회사의 자산과 그것을 형성한 자금 출처가 자세히 표기되어 있다.

사실 누구나 A처럼 질문할 것이다. 즉, 여러분은 재무상태표와 손익계산서의 의미를 이미 어느 정도 알고 있다는 뜻이다. 그러니 자신감을 가지고 재무제표의 세부 내용까지 천천히 읽어 나가보자. 과거 주식시장에 큰 파장을 일으켰던 대우조선해양의 사례를 통해 주식 투자에 재무제표가 얼마나 중요한지 이야기해보겠다. 뼈아픈 일이었고 이미 언론에 오픈된 이야기이므로 회사명을 밝히겠다. 전자공시시스템에 들어가서 대우조선해양의 사업보고서를 검색하면

표1 대우조선해양 기재정정(2008~2017년)

회사명	대우조선해양				회사명찾기 ▾	☑ 최종보고서		
기간	19990101	~	20210401	1주일 1개월 6개월 1년 2년 3년 전체		검색 🔍		

☑ 정기공시 ☐ 주요사항보고 ☐ 발행공시 ☐ 지분공시 ☐ 기타공시 ☐ 외부감사관련 ☐ 펀드공시 ☐ 자산유동화 ☐ 거래소공시 ☐ 공정위공시

조회건수 15 ▾ | 접수일자 ▾ 회사명 ▾ 보고서명 ▾

번호	공시대상회사	보고서명	제출인	접수일자	비고
1	유 대우조선해양	사업보고서 (2020.12)	대우조선해양	2021.03.17	연
2	유 대우조선해양	사업보고서 (2019.12)	대우조선해양	2020.03.30	연
3	유 대우조선해양	사업보고서 (2018.12)	대우조선해양	2019.03.29	연
4	유 대우조선해양	[기재정정]사업보고서 (2017.12)	대우조선해양	2018.05.23	연
5	유 대우조선해양	[기재정정]사업보고서 (2016.12)	대우조선해양	2017.10.19	연
6	유 대우조선해양	[기재정정]사업보고서 (2015.12)	대우조선해양	2017.10.19	연
7	유 대우조선해양	[기재정정]사업보고서 (2014.12)	대우조선해양	2017.05.11	연
8	유 대우조선해양	[기재정정]사업보고서 (2013.12)	대우조선해양	2017.05.11	연
9	유 대우조선해양	[기재정정]사업보고서 (2012.12)	대우조선해양	2017.05.11	연
10	유 대우조선해양	[기재정정]사업보고서 (2011.12)	대우조선해양	2017.05.11	연
11	유 대우조선해양	[기재정정]사업보고서 (2010.12)	대우조선해양	2017.05.11	연
12	유 대우조선해양	[기재정정]사업보고서 (2009.12)	대우조선해양	2017.05.11	연
13	유 대우조선해양	[기재정정]사업보고서 (2008.12)	대우조선해양	2017.05.11	연
14	유 대우조선해양	사업보고서 (2007.12)	대우조선해양	2008.03.31	연
15	유 대우조선해양	사업보고서 (2006.12)	대우조선해양	2007.03.30	연

출처: DART

2008~2017년까지 10년 치 사업보고서가 '기재정정'된 것을 확인할 수 있다.

2008년 글로벌 금융위기가 와서 동종업계가 적자로 힘들어할 때 대우조선해양은 계속 흑자(이익)를 내고 있었다. 그래서 투자자들은 상대적으로 좋게 평가했다. 그런데 갑자기 이 회사의 손익계산서가 그동안 잘못 작성되었고, 사실 적자(손실)였다며 재무제표가 전면 수정되었다. 주가는 폭락했고 투자자들은 놀랐다. 하지만 너무 아쉽다. 재무제표를 한 번만 봤더라면 대우조선해양의 미래는 예측할 수 있었다.

표2에서 정정되기 전 재무제표를 보자. 그 당시에 투자자들은 이 재무제표가 최종이라고 철석같이 믿었다. 손익계산서를 보면 당기순이익이 2,418억 원이다. 전년도에도 1,758억 원으로 흑자이다. 이번에는 표3에서 현금흐름표를 같이 보자. 가장 중요한 '영업활동으로 인한 현금흐름'은 -1조 1,970억 원이고, 전년도에도 -9,960억 원이다. 정정되기 전에 현금흐름표만 봐도 "도망가라."고 재무제표를 통해 신호를 주었던 것이 눈에 보이는가? 대우조선해양은 2008년 글로벌 금융위기 이후에 영업활동으로 인한 현금흐름에 플러스가 나본 적이 거의 없는 회사이다. 그러고 나서 대우조선해양은 재무제표를 정정한다.

다음 페이지에서 표4의 정정된 재무제표를 보면 당기순이익이 -6,830억 원으로 정정된다. 대우조선해양 사례를 얘기하면 항상 2가

표 2 대우조선해양 손익계산서 [단위: 원]

과 목	주석	제 14(당) 기		제 13(전) 기	
I. 매출액	26,36,37,41		15,305,281,403,406		14,057,818,937,661
II. 매출원가	26,35,36		14,277,299,294,294		12,921,886,681,782
III. 매출총이익			1,027,982,109,112		1,135,932,255,879
판매비	31,35,36	152,126,980,068		229,734,153,408	
관리비	31,35,36	341,386,470,731		334,119,067,371	
경상연구개발비	35	93,564,621,560		85,813,962,178	
IV. 영업이익			440,904,036,753		486,265,072,922
금융수익	5,32	106,732,301,371		141,641,894,921	
금융비용	5,32	153,322,386,186		154,974,212,961	
관계기업및공동기업투자손익	13,42	10,779,004,082		589,649,740	
환율변동이익	3,5,33	561,044,565,236		458,128,568,164	
환율변동손실	3,5,33	491,273,251,161		644,454,201,052	
기타영업외수익	5,26,34	498,264,897,616		921,082,130,617	
기타영업외비용	5,26,34	646,182,109,679		943,182,797,324	
V. 법인세비용차감전순이익			326,947,058,032		265,096,105,027
VI. 법인세비용	25		85,053,998,863		89,243,382,184
VII. 당기순이익			241,893,059,169		175,852,722,843
당기순이익의 귀속:					
지배기업의 소유주			269,038,604,372		221,891,875,094
비지배지분			(27,145,545,203)		(46,039,152,251)
VIII. 지배기업소유주주당순이익:	30				
기본및회석주당이익			1,423		1,174

출처: DART, 대우조선해양 14기 연결감사보고서, 정정하기 전 기준

표 3 대우조선해양 현금흐름표 [단위: 원]

과 목	주석	제 14(당) 기		제 13(전) 기	
I. 영업활동으로 인한 현금흐름			(1,197,909,568,674)		(996,054,288,110)
1. 영업에서 창출된 현금흐름	39	(982,619,383,297)		(623,277,104,257)	
당기순이익		241,893,059,169		175,852,722,843	
조정		595,783,705,282		896,209,257,918	
순운전자본변동		(1,820,296,147,748)		(1,695,339,085,018)	

출처: DART, 대우조선해양 14기 연결감사보고서, 정정하기 전 기준

지 질문이 따라온다. "현금흐름표 한 번만 보면 아는 것을 왜 사람들은 몰랐을까요?" 필자가 하고 싶은 말이다. 현금흐름표라는 게 있다는 것만 알았어도 누구나 알 수 있었다. 여기서 교훈은 기업의 재무제표가 어려워서 못 읽는 게 아니라 우리가 바빠서 안 본다는 것이다. 포털사이트의 뉴스만 보고, 전문가라는 사람들의 말만 듣고 투자

표 4	대우조선해양 손익계산서(정정)				(단위: 원)
과 목	주 석	제 14(당) 기		제 13(전) 기	
I. 매출액	26,36,37,41		14,724,449,523,599		14,057,818,937,661
II. 매출원가	26,35,36		14,597,434,988,849		12,921,886,681,782
III. 매출총이익(손실)			127,014,534,750		1,135,932,255,879
판매비	31,35,36	152,126,980,068		229,734,153,408	
관리비	31,35,36	654,463,052,517		334,119,067,371	
경상연구개발비	35	93,564,621,560		85,813,962,178	
IV. 영업이익(손실)			(773,140,119,395)		486,265,072,922
금융수익	5,32	106,732,301,371		141,641,894,921	
금융비용	5,32	153,322,386,186		154,974,212,961	
관계기업및공동기업투자손익	13,42	10,779,004,082		589,649,740	
환율변동이익	3,5,33	561,044,565,236		458,128,568,164	
환율변동손실	3,5,33	491,273,251,161		644,454,201,052	
기타영업외수익	5,26,34	498,264,897,616		921,082,130,617	
기타영업외비용	5,26,34	646,182,109,679		943,182,797,324	
V. 법인세비용차감전순이익(손실)			(887,097,098,116)		265,096,105,027
VI. 법인세비용(수익)	25		(203,696,144,821)		89,243,382,184
VII. 당기순이익(손실)			(683,400,953,295)		175,852,722,843
당기순이익(손실)의 귀속:					
지배기업의 소유주			(656,255,408,092)		221,891,875,094
비지배지분			(27,145,545,203)		(46,039,152,251)
VIII. 지배기업소유주주당순손익:	30				
기본및희석주당손익			(3,471)		1,174

출처: DART, 대우조선해양 14기 정정 연결감사보고서

한 것이다. 우리가 어떻게 번 돈인데, 그렇게 쉽게 남의 말만 듣고 투자한단 말인가? 투자하기 전에 반드시 내가 기업을 분석할 수 있어야 한다.

수강생이 많이 하는 두 번째 질문은 이렇다. "손익계산서의 이익과 진짜 현금은 다른가요?" 당연하다. 이 사실을 몰랐다면 여러분들은 반드시 이 책을 읽어야 한다. 강의에서 이런 질문도 많이 받는다. 재무제표를 꼼꼼히 확인해도 얼마든지 속일 수 있고 분식이 가능하지 않느냐고 말이다. 솔직히 나쁜 마음을 먹으면 그럴 수 있다. 하지만 재무제표를 제대로 공부하면 어느 정도 이상함을 감지할 수 있다. 물

론 이러한 경지에 이르렀다면 상당한 레벨의 회계 고수라고 할 수 있다. 다행스러운 점은 회계감사 프로세스에 대한 신뢰성이 점점 높아지고 있다. 또한 필자는 이 책을 통해 재무제표의 진실과 거짓을 가려내고 여러분의 돈을 지켜낼 수 있는 방법들을 쉽게 설명해놓았다.

재무제표는 절대 어렵지 않다. 회사의 가계부일 뿐이다. 가계부나 용돈 기입장은 안 배워도 쓰는데, 회사의 가계부인 재무제표는 왜 어려워하는가? 너무 급하면 체한다. 재무제표가 어렵다는 선입견을 버리고, 필자와 함께 천천히 회계 지식에 푹 빠져보자. 필자만 믿고 따라오면 이제 여러분도 재무제표를 자유롭게 읽고 쓰게 될 것이다.

PART 1

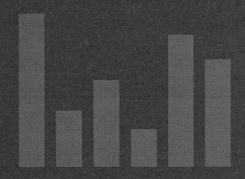

{ 원리 }
재테크로 돈 벌기 위한 필수 지식 익히기

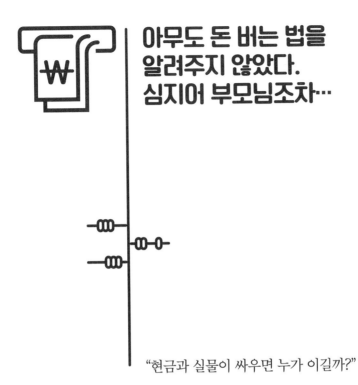

아무도 돈 버는 법을 알려주지 않았다. 심지어 부모님조차…

"현금과 실물이 싸우면 누가 이길까?"

무엇이 앞으로 더 가치 있겠느냐는 질문이다. 강의 도중에 이런 질문을 하면 "현금과 실물까지 싸워야 하나요?"라고 반문하는 분들이 있다. 정치권도 싸우고 미국과 중국도 맨날 싸우는데 말이다. 그래도 중요한 질문이니 한번 진중하게 생각해보자. 현금과 실물이 싸우면 보통은 현금이 이길 것이라는 의견이 많다. 특히나 요즘 같은 코로나 팬데믹 시대에는 현금이 더 중요하다는 의견이 지배적이다.

하지만 필자의 판단은 다르다. 실물이 90% 이상 이길 거라고 실물의 손을 들어주고 싶다. 왜냐하면 현금의 가치는 하락하기 때문이다. 게다가 2008년 글로벌 금융위기와 같은 상황이 오면 선진국부터 시작해서 전 세계의 정부와 중앙은행이 돈을 풀 것이다. 그러면 현금의 가치는 더욱 급락하게 되어 있다. 이에 반해 실물은 최소한 물가만큼이라도 오른다. 자장면 가격이 20년 전보다 오른 것만 봐도 알 수 있다.

사실 현금이 이긴다고 말한 사람도 이 사실을 몰라서 현금을 선택한 것은 아니다. 다만 실물은 '불확실'하기 때문이다. 아래의 그림을 보면 실물에 잘 투자하면 가치가 크게 오르기도 하지만 잘못 투자하면 크게 말아먹기도 한다. 그래서 실물을 두려워하고 현금을 선호하는 것이다. 실물은 불확실한 데 반해 현금은 확실히 믿을 수 있기 때문이다. 그런데 여기서 반전이 있다. 현금이 확실하다는 것은 안전해서가 아니다. 아이러니하게도 현금에 대해 확실한 것은 무조건 떨어진다는 사실이다. 어떻게 그렇게 단정할 수 있냐고?

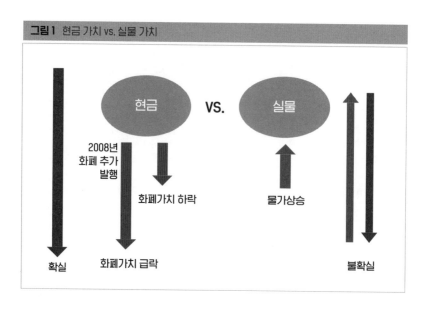

그림 1 현금 가치 vs. 실물 가치

현금   VS.   실물

2008년
화폐 추가
발행

화폐가치 하락

물가상승

확실

화폐가치 급락

불확실

인생사에서 확실한 게 어디 있겠는가! 물론 현금의 가치가 오를 때도 있다. 디플레이션(deflation, 물가가 하락하고 경제활동이 침체되는 현상) 상황에서나 일어날 수 있을 것이다. 그런데 디플레이션은 전 세계의 모든 리더가 싫어한다. 각국의 수많은 정치인은 디플레이션만큼은 세계경제의 대재앙으로 판단하고 절대 용납하지 않으려 할 것이다. 디플레이션이 온다고 해도 전 세계 지도자들이 사활을 걸고 처방책을 강구할 것이므로 이런 상황이 쉽게 올 리 없다. 따라서 현금의 가치가 올라갈 일은 거의 없다고 봐도 무방하다.

글로벌 금융위기로 예측하는 미래 자산가치

서울의 부동산이 2015년도부터 본격적으로 올랐다. 왜 그랬다고 생각하는가? 물론 이유는 수십 가지이다. 가장 큰 이유는 2008년 글로벌 금융위기가 닥치자 전 세계의 중앙은행과 각국 정부가 돈을 풀었기 때문이다. 위기가 찾아오면 정부와 은행은 돈을 풀어 경제를 다시 활성화하려고 노력한다. 2008년과 같은 갑작스러운 위기가 닥치면 개인과 기업은 또다시 패닉에 빠질 것이다. 개인은 소비를 극도로 줄이고, 기업은 구조조정을 해서 비용을 줄이려 할 것이다. 이때 정부는 개인과 기업을 달랠 것이다. "정부가 돈을 충분히 풀 테니까 조금만 버텨줘. 개인은 소비를 줄이지 말고, 기업은 구조조정만은 하지 말아줘."

하지만 개인과 기업은 의심하고 또 의심한다. 곧 무서운 일이 닥칠 것이고 거기에 대비해 가지고 있던 자산을 모두 현금화해야겠다고 말이다. 그러니 자산의 가치가 급락한다. 모두가 자산을 팔려고 하지, 사려고는 안 하기 때문이다. 2008~2014년에 무려 7년간 개인과 기업은 자산에 적극적으로 투자하려고 하지 않았다. 금융위기가 사실상 마무리되고 실물경제가 어느 정도 안정을 찾자 그제야 개인과 기업은 주변을 둘러보기 시작했다. '돈이 이렇게나 풀려 있었네. 이제 뭐라도 투자해야지.' 하고 생각한다.

그러자 너도나도 자산을 사려고 하니까 자산의 가치가 급등했다. 그렇게 서울과 수도권의 부동산이 2015년부터 급격하게 솟구쳤다. 필자가 이런 지식을 미리 알고 있었다면 지금쯤 굵직한 부동산을 하나쯤 갖고 있었을 것이다. 그 당시에 우리나라 정부도 돈을 풀 테니 부동산을 매입하거나 신사업에 투자하라고 장려했기 때문이다. 하지만 다수의 개인과 기업은 겁먹고 자산을 적극적으로 매입하지 않았다.

요즘도 서울의 부동산에 대해 설왕설래한다. 이렇게까지 올랐는데 또 오르겠느냐고 말이다. 혹자는 이제 거품이 너무 많아서 떨어질 것이라고도 얘기한다. 누구도 미래는 정확히 예측할 수 없다. 그래도 한 가지 확실한 것은 있다. 2020년 코로나 팬데믹으로 인해 지난 글로벌 금융위기 때보다 각국 정부가 더 많은 돈을 풀었다는 사실이다. 역시나 이번에도 개인과 기업은 의심하고 또 불안해할 것이다. 실물경제가 이 모양인데 자산가치가 올라간다는 것은 말도 안 되고 거품이라고 하면서 말이다. 하지만 2008년에 돈이 풀렸고 그로 인한 영향력은 7년이 지나서야 나타났다. 지금의 상황은 2008년 글로벌 금융위기와 너무나도 닮았다. 심지어 2008년보다 더 많은 돈이 풀렸다. 다른 점은 과거보다 똑똑해진 사람들이 의심과 불안을 떨치고 적극적으로 자산을 매입하기 시작했다는 것이다. 과거보다 더 많은 돈이 풀려 있는 지금의 상황을 비추어볼 때 오히려 현재 부동산의 가치가 끝물이라고 말하는 것이 역으로 더 위험할 수도 있다.

우리는 지금부터 무엇을 준비해야 할까? 우리는 남들이 의심할 때 지금이라도 실물자산 투자를 고민해야 한다. 물론 가격이 너무 많이 올라서 거품 논란이 계속될 것이고 두려움도 생길 것이다. 항상 그랬듯이 말이다. 필자는 그것을 '의심'이라고 표현했다. 그렇게 의심하는 동안에 자신가치가 오히려 더 오르는 경우가 많았다. 그러다 의심하던 사람들까지 진짜 오른다고 말할 때 가장 조심해야 한다. 그날이 오기까지는 몇 년 더 오를 것이다.

한 가지 명심해야 할 것이 있다. 상승 초기에 매입하지 않았다면 상승 중반에는 정말 우량한 자산에 투자해야 한다. 그러면 사람들은 말한다. "우량한 자산은 이미 너무 비싸잖아요." 그럼에도 불구하고 우량한 자산 위주로 지켜보다가, 그것이 순간적으로 조정을 보일 때 매입하는 것이 좋다. 우량한 자산은 투자해야 하는 금액이 더 크겠지만 그만큼 안전한 투자가 될 것이기 때문이다.

현금은 태생적으로 실물투자를 위한 5분 대기조

앞서 현금과 실물의 싸움에서 현금이 불리하지만, 10%는 현금이 이길 가능성이 있다고 여지를 남겼다. 그 이유는 지금 같은 코로나 팬데믹 위기 상황에 대비하기 위해서이다. 코로나라는 위기가 왔으니 현금을 손에 쥐고 태평하게 있으라는 의미가 아니다. 다른 관점에서 현금이 더 중요하다고 한 것이다. 그동안 너무나 사고 싶던 주식이나 자산이 있었지만 비싸서 못 샀다면, 이런 위기 상황에 자산을 싸게 사라고 있는 것이 현금이다.

2020년 3월 코스피 주식시장의 상황만 봐도 알 수 있다. 순간적으로 코스피 지수가 1,400p대까지 떨어졌다. 한 달도 채 안 돼서 1,900p를 회복하고 2021년 4월 초 기준으로 3,100p대까지 올라섰다. 이게 무슨 의미일까? 한국에는 똑똑한 개인이 많다는 것이다. 현금은 기회가 왔을 때 가장 좋은 자산을 싸게 사라고 있는 것이다. 코스피 지수가 급격히 떨어진 2020년 3월에 주식시장에 들어가지 못했다면 현금의 가치를 모르는 사람이다. 그렇다고 너무 자책하지는 말아라. 이제부터 알면 된다.

생각해보면 화폐는 애초에 교환을 위해 태어났다. 구석기 시대에 쌀과 철강을 물물교환 하려면 매번 무거운 물건을 들고 다녀야 했기 때문에 화폐가 교환의 매개 역할을 했다. 결국 화폐는 그 자체로 가치가 있다기보다 좋은 물건(실물)으로 교환하기 위한 대기조인 것이다.

부자와 일반인의 가장 큰 차이를 아는가? 돈이 무엇이고 어떤 역할을 하는지 정확하게 아는 사람은 부자가 되고, 돈을 막연히 좇는 사람은 부자가 될 수 없다. 부자는 돈이 생기면 하루라도 빨리 떠나보낼 준비를 한다. 애초에 교환가치로서 현금의 의미를 아는 것이다. 부자는 더 좋은 실물, 미래에 더 큰 자산이 될 것에 투자한다. 이에 반해 부자가 아닌 사람들은 어떠한가? 돈이 들어오면 움켜쥔다. 절대 뺏기려 하지 않는다. 사실 어디에 투자해야 할지 전혀 모르는 것이다. 이제부터 명심하자. 돈은 내가 움켜쥐기 위해 존재하는 것이 아니라, 훌륭한 실물자산에 투자하기 위한 5분 대기조임을 말이다. 이것만 이해해도 당신은 이미 부자의 초석을 닦은 것이다.

저성장 시대, 영원히 현금에서 실물투자로 가기 힘들 수 있다

몇 년 전에 DLS(파생결합증권), DLF(파생결합펀드)라는 금융상품으로 시끄러운 적이 있었다. 저축수익률이 워낙 낮다 보니 조금이라도 높은 수익률을 찾던 중에 엄청나게 광풍을 일으켰던 상품이다. 해당 상품은 저축수익률보다 높은 5% 정도의 수익을 내면서 위험은 낮은 상품으로 알려졌다. 그런데 수많은 개인이 가입했다가 한순간에 원금이 증발하는 금융사고(DLS·DLF 사태)가 벌어졌다.

이 상품에 가입하기 전에 판매은행원에게 물어봤으면 좋았을 것이다. "이 상품은 안전하니까 원금을 잃을 일은 없겠죠?" 그러면 이렇게 답변이 돌아왔을 것이다. "아, 정말 안전한데 혹시나 운 나쁘면 원금을 잃을 수도 있습니다." 그러면 또 물어봐야 한다. "그럼 최대 수익률이 5%니까 운 나빠서 원금을 잃더라도 최대 5%까지만 잃는 거겠죠?" 그러면 이런 대답이 돌아왔을 것이다. "아, 고객님. 그럴 일은 거의 없는데요, 진짜 운 나쁘면 100% 원금을 다 잃을 수도 있습니다." 필자가 이 대답을 들었다면 판매한 은행원에게 화가 났겠지만 꾹 참고 이 상품의 불합리성을 조근조근 알려줬을 것이다. "어떻게 최대 수익 5%를 올리기 위해 저의 피 같은 돈을 100% 잃을지도 모르는 상품에 투자하란 말이죠? 이런 상품은 팔지 않는 게 좋을 것 같습니다."라고 말이다.

해당 금융상품을 판매한 은행도 문제였지만, 가입한 분들의 금융지식에도 약간 아쉬움이 있다. 피 같은 돈을 어떻게 남의 말만 믿고 투자한단 말인가? 그 상품이 안전하다면 아쉽게도 그 상품으로부터 얻어지는 수익률은 1%가 채 안 된다고 보면 된다. 이 세상에 안전하면서 수익을 가져다주는 상품은 단 한 가지, 저축이다. 안전하다면 겨우 저축수익률 정도만 남는 것이 현실이다. 간혹 이렇게 말하는 분들이 있다. "저는 욕심 없습니다. 그러니 안전하면서 저축수익률을 살짝 상회하는 투자상품이 없을까요?" 이 말을 하는 순간 그의 돈은 위험한 상품의 먹잇감이 되기 좋다. 저축수익률을 살짝이라도 상회하면 안전과는 거리가 멀어지고, 리스크가 따른다고 생각하는 편이 좋다. 따라서 리스크를 제대로 공부하고 관리하는 연습을 해야 한다.

정신을 똑바로 차리지 않으면 앞으로도 DLS·DLF 사태는 또 일어날 것이다. 왜냐하면 현금은 점점 실물자산을 이기기 힘들고 사람들은 반드시 실물에 투자해야 한다는 것을 알게 될 것이기 때문이다. 그리고 준비가 안 된 사람들은 조금이나마 수익성이 있는 곳이라면 검증하지 않은 채 너도나도 뛰어들 것이기 때문이다. 문제는 금융 사기꾼들이 이를 악용해서 여러분의 돈을 빼앗아간다는 것이다. 그러니 꼭 명심하자.

현금을 실물에 투자하는 이유는 돈을 벌기 위한 것이고, 수익을 내기 위한 것이다. 그러려면 이번 기회에 기초 지식부터 다시 쌓는다는 마음으로 겸허해져야 한다. 생각해보면 우리는 사회에 나와 제대로 된 금융교육 한 번 안 받고 독학이나 곁눈질로 살아오지 않았던가? 그런데 문제는 저성장 시대에 제대로 된 실물자산을 찾기가 정말 어렵다는 것이다. 어쩌면 우리는 영원히 현금을 제대로 된 실물에 투자하지 못할 수도 있다. 이건 정말 무서운 얘기다.

필자가 회계사니까 많은 분이 물어본다. "제가 여윳돈이 몇천만 원 있는데 어디에 투자하면 좋을까요?" 여러분들도 종종 이런 질문을 받을 것이다. 이때 모른다고 하기가 민망해서 아무거나 추천하는 사람들이 생각보다 많다. 필자는 오히려 솔직하게 말한다. "이제는 단돈 100만 원도 쉽게 투자할 만한 곳이 없어요. 왜냐하면 우리나라의 개인이나 기업들이 이미 안 해본 게 없을 정도로 웬만한 분야에 다

투자했기 때문입니다. 지금 바로 대답할 수 있는 문제가 아니기 때문에 우리 함께 천천히 공부해서 찾아봅시다." 차라리 이런 대답이 한 사람의 인생을 구할 수 있다.

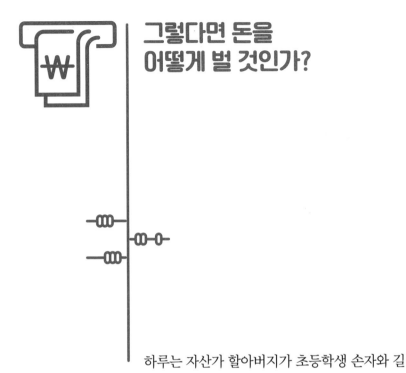

그렇다면 돈을
어떻게 벌 것인가?

하루는 자산가 할아버지가 초등학생 손자와 길을 걷다 빨간 신호등 앞에서 대기하고 있었다. 이때 할아버지가 손자에게 물었다. "저 앞에 꼬마빌딩 2개가 있는데, 어느 것이 더 좋은지 맞춰보렴. 그럼 할아버지가 하나 사줄게." 손자가 답했다. "할아버지, 왼쪽 것이 더 좋아 보여요. 그러니 왼쪽에 있는 상가 사주세요." 할아버지가 말했다. "땡! 틀렸다. 다음 기회에 맞추면 사줄게." 손자는 왜 틀렸는지 이유를 물어봤고, 할아버지는 이렇게 답했다. "네가 선택한 왼쪽 상가는 정남향이지 않으냐. 그러니 안 좋아. 오른쪽에 있는 북향의 상가를 골랐어야지."

이상하다. 우리는 항상 남향이 없으면 남동향, 남서향이라도 찾는

데, 왜 자산가 할아버지는 남향이 안 좋다고 하는 것일까?

금수저가 진짜 부러운 이유, 실력이 뛰어나다

답이 곧장 떠오른다면 부동산에 대한 기초 지식이 있는 분이다. 그러나 의외로 많은 분이 이유를 잘 모른다. 답은 상가와 주택이 달라서이다. 우리는 주로 거주지에 대해 방향을 따지는데, 여기서 주제는 상가이다. 상가는 세입자 유형에 따라 방향을 따져봐야 한다. 예를 들어 김밥집이나 빵집이 들어오는 자리라면 정남향은 여름에 쥐약이다. 하루에 뙤약볕이 12시간 이상 내리쬐기 때문에 세입자는 고민해야 한다. 스타벅스처럼 통유리를 설치하면 햇볕이 쏟아져 음식이 썩을 수 있고, 식재료를 지키려고 암막 커튼을 치면 밖에서 안을 볼 수가 없어 손님을 끌어모으기 어렵기 때문이다. 그래서 먹을거리가 들어오는 상가 자리는 북향을 더 선호하기도 한다.

자산가 할아버지가 있으면 어려서부터 이런 기초 지식을 마스터한다. 필자가 삼일회계법인에 있을 때 금수저 동기들이 많았다. 그 동기들이 이따금 부러웠는데 돈이 많아서가 아니라 실력이 뛰어났기 때문이다. 밥상머리에서 경제 지식을 자연스럽게 익힌 그들은 어려운 의사결정을 척척 해내고 좋은 결과를 얻어내곤 했다. 살다 보면 인생을 뒤바꿀 수 있는 선택의 순간이 찾아온다. 비슷한 처지에 있던 친구들이 의사결정 몇 번으로 10년 후 전혀 다른 삶을 살고 있지 않은가?

살면서 가장 중요하고 힘든 것이 의사결정이다. 여러분이 고민할 때마다 현명한 선택을 하도록 도와줄 수 있는 자산가 할아버지가 있다면 인생이 좀 더 여유로워질 것이다.

하지만 대다수는 그런 할아버지가 없다. 다행히 요즘은 지식과 정보를 얻을 수 있는 곳이 너무나 많다. 그중에서 가장 쉬운 방법이 '회계'를 공부하는 것이다. 회계란 회사의 가계부이다. 돈 버는 기업의 재무제표를 보면서 '나도 저렇게 투자하면 돈을 벌 수 있겠구나.', 망한 회사의 재무제표를 보면서 '저렇게 투자하면 큰 회사도 망할 수 있구나.' 하고 공부를 할 수 있다. 이처럼 회계는 우리에게 투자에 대한 올바른 정보를 주고 자산가 할아버지와 같은 멘토 역할을 해준다. 주식 투자를 위해 반드시 알아야 할 회계 지식이 궁금하다면 3, 4부을 읽어보도록 하자. 투자나 취업 등 인생을 바꾸게 될 의사결정을 할 때 회계에 물어보면 정답을 찾게 될 것이다.

돈 버는 데 제일 좋은 공부는 '부채' 공부

"부채는 좋은 건가요? 위험한 건가요?" 강의에서 이 질문을 하면 다수는 부채가 위험하다고 답한다. 맞다. 부채는 위험하다. 개인과 기업이 무너질 때 대다수 부채로 인한 경우가 많기 때문이다. 그런데 여기서는 부채가 좋을 수도 있다는 얘기를 해볼 것이다.

과거에 마포의 집값이 5억 원이었다면, 우리의 부모님 세대는 집을 이렇게 샀다. 한여름에 음료수 한 잔 안 드시고 번 돈을 열심히 모았다. 1억 모으고, 또 1억 모아 5억 원을 모았다. 누구의 도움 없이 순자산으로 5억 원을 모았다면 연세는 몇 살일까? 아마 60~65세 정도일 것이다. 그래서 은퇴할 때쯤 집 한 채 남는다는 말이 생겼다. 어렵게 5억 원을 모아 드디어 마포에 집을 한 채 사려고 보니, 마포 아파트값이 15억 원 내외로 올랐다. 깜짝 놀랐지만 마음을 가다듬고 다시 열심히 모아 드디어 15억 원을 만들었다. 예상컨대 이때 200세 정도 예상된다(그만큼 모으기 힘들다는 뜻이다). 그래서 집을 사려고 봤더니 마포 아파트값은 천정부지로 올라 20억 원이 되었다.

이를 지켜본 똑똑한 다음 세대는 이런 생각을 한다. '우리 부모님은 왜 이렇게 집을 사셨을까?' 그들은 번 돈을 최대한 안 쓰고 1억 원의 종잣돈을 모은다. 1억 원을 가지고 마포에 5억 원짜리 집을 사기 위해서 말이다. 어떻게 1억 원으로 5억 원짜리 집을 살 수 있냐고? 지금 당장 들어가서 살 것은 아니니까 전세를 끼고 1억 원만 지불하고, 나중에 세입자가 나갈 때 4억 원을 내어주면 5억 원을 다 지불하는 것이다. 만약 전세금이 4억 원이라면 이전 주인은 세입자로부터 4억 원을 받았으니, 새로운 매입자에게 마저 1억 원만 받으면 된다. 그러면 30대 후반~40대 초반에 1억 원으로 마포에 있는 집을 사놓으면 50~60대에 20~30억 원의 집이 마련되는 것이다. 이것이 바로 한때 뉴스를 도배했던 갭투자이다. 갭투자가 좋다는 뜻은 절대 아니다. 다만 이 용어가 자주 언급되는 것에 대해 한 번쯤은 어떤 의미인지 분석해봐야 한다는 것이다.

이야기로 돌아가 부채의 특성에 대해 설명하겠다. 5억 원짜리 집을 매입하는데 내 돈은 1억 원만 쓰고, 나머지 4억 원을 전세보증금이라는 부채로 구입했다. 언뜻 보면 부채가 과다해 보인다. 그런데 여기서 한 가지 재미있는 질문을 해보겠다. 부채가 위험한 키 팩터(key factor, 주요 요인)가 무엇인가? 생각해보자. 첫 번째는 매월 내야 하는 '이자'이다. 두 번째는 언젠가는 갚아야 하는 '원금상환(만기)'의 의무이다. 그럼 앞선 사례에서 전세보증금이라는 부채는 이자가 나가는가? 순간적으로 이자가 나간다고 잘못 얘기하는 분들이 있다. 전세를 살면서 집주인에게 보증금을 주고 매월 이자를 요구하는 세입자는 없다. 그러니 첫 번째 위험 요소인 이자가 없는 부채이다.

그렇다면 전세보증금의 원금상환 만기는 언제인가? 일단 2년이라고 답할 것이다. 왜냐하면 전세 계약 만기가 일반적으로 2년이기 때문이다. 조금 공부한 분들은 전세계약갱신청구권이 있으니 4년이라고 대답할 것이다. 모두 맞다. 그런데 전세보증금이라는 부채는 사실상 만기가 없다. 필자는 집주인 중에서 자기 돈으로 세입자를 내보내는 분들을 거의 못 봤다. 다음 세입자가 들어오면 그 돈으로 충당한다. 그러니 두 번째 위험 요소인 만기도 없는 부채인 것이다. 전세보증금이라는 부채를 더 쉽게 은행차입금에 비유해보겠다.

만약 은행이 여러분에게 100억 원을 빌려준다고 하면 빌리겠는가? 대다수의 개인은 그렇게 큰돈을 빌리지 못한다. 대신 부채 공부를 한 여러분은 이제 부채의 위험 요소 2가지를 배웠으니 먼저 질문하고 판단해야 한다. "개인에게 100억 원을 빌려주다니, 이자율이 높겠네요?" 이때 은행원이 대답한다. "특판 상품이라 이자율이 없습니다." 이때 아마추어는 덥석 빌리겠지만 프로는 두 번째 위험 요소까지 체크하고 판단한다. "그러면 혹시 오늘 빌려주고 내일 갚으라고 할 거죠? 빌린 사람이 경매로 넘어가게 하려고요?" 은행원이 대답한다. "아닙니다. 특판 상품이라 만기도 없습니다. 무한대로 쓰셔도 됩니다." 말이 되는가? 은행이 이자도 안 받고 원금상환 만기도 없이 100억 원을 대출해준다면 마다할 이유가 없다. 이러한 부채는 500억 원을 빌려도 문제없다.

갭투자에서 전세보증금이란 부채의 주요 위험 요소가 모두 제거된 부채였다. 그래서 사람들이 갭투자를 많이 했던 것이다. 생각해봐라. 10억 원씩 갭을 끼고 집을 열 채를 사면 100억 원을 이자와 만기 없이 빌린 거나 마찬가지라고 보면 된다(부채를 이해하기 위해 인용한 사례일 뿐, 갭투자가 좋다는 것이 아니다). 이 사례가 우리에게 주는 교훈은 부채는 금액이 크다고 위험한 것이 아니라, 그 부채를 '관리할 수 있는 역량'이 더 중요하다는 것이다. 부채를 관리하는 포인트는 딱 2가지이다. 이자와 원금상환이다.

따라서 단돈 10만 원을 빌렸어도 관리하지 못하면 위험한 것이 부채이고, 100억 원을 빌렸어도 관리할 수 있다면 전혀 위험하지 않은 것이 부채이다. 전 세계적으로 부채가 이렇게나 많으니 세상이 위험에 빠질 것이라고 말하는 전문가들도 많다. 하지만 필자의 생각은 다르다. 부채는 많다고 위험한 게 아니라 관리하지 못하면 위험해진다. 특히 미국은 부채가 많지만 2008년 글로벌 금융위기 이후로 부채를 관리할 수 있다는 강력한 자신감을 얻었다. 이에 대해서는 후술하겠다.

자산이 확실히 오른다면 관리 능력도 필요없다

부채를 조달해서라도 투자한 자산이 확실히 오르기만 한다면 부채를 관리하는 능력도 의미가 없다. 왜냐하면 부채 관리를 잘하든 못 하든 자산을 통해 그 이상의 큰돈을 벌 것이기 때문이다. 만약 내일 상한가(30% 상승) 가는 종목을 알았다면 오늘 100억 원을 빌려도 위험하지 않다. 100억 원으로 주식을 사면 30억 원의 수익을 벌 것이고, 결제일까지 3~4일간 이자로 5억 원을 준다고 한들 무려 25억 원의 이익이 남으니 말이다. 이처럼 부채로 조달한 돈을 미래에 확실히 오를 자산에 투자한다면 부채의 위험 요소도 퇴색될 것이다. 그런데 문제는 미래에 자산이 될지 안 될지를 아는 것은 신의 영역이라는 것이다.

놀라운 사실은 필자가 수많은 고객을 만나온 결과, 우리나라에는 미래의 자산이 무엇인지를 정확하게 아는 인구가 5% 있다는 것이다. 그러니 그들은 미래를 예측해서 돈을 벌 수 있었고, 자산가가 될 수 있었다. 그들을 지켜보니 자산인지 아닌지 아는 경지는 꼭 타고나야 하는 것이 아니라 훈련과 공부로 가능했다. 대대손손 부자인 집안을 자세히 관찰해보면 부모와 조부모에게서 밥상머리 교육을 통해 진정한 자산이 무엇인지 배워왔던 것이다. 그러나 요즘같이 책, 유튜브, 블로그 등 공부할 수 있는 채널이 많은 세상에서는 독학으로 어느 정도 터득할 수 있다. 그러니 희망을 가지고 필자와 함께 기초부터 열심히 공부해보도록 하자.

지금처럼 웬만큼 자산이 오른 상태에서 투자에 편승하지 못한 분들에게 조언하자면 절대 조바심을 내서는 안 된다. 무엇이 자산이고 아닌지를 공부해서 다음 사이클에서 큰돈을 벌면 된다. 필자는 주식이나 부동산이 몇 년간 더 오를 것으로 전망하지만 그래도 워낙 많이 올랐으니 무서울 수 있다. 필자라면 이렇게 할 것이다. 가상으로 미래를 예측해보는 것이다. 구체적으로 주식 종목을 찍어서 오를지, 떨어질지 예측한 후에 반드시 오를 것 같은 이유와 떨어질 것 같은 논리적 근거를 메모해두는 것이다.

결과는 몇 년 후에 나온다. 여러분의 예상과 맞는다면 기회가 올 때 돈을 벌 수 있는 감각(지식)을 장착한 것이고, 예상과 다르다면 왜 예측이 틀렸는지 원인을 분석해서 학습효과를 올리면 되는 것이다. 돈이라는 건 꼭 오늘 벌 필요가 없다. 준비도 안 되었으면서 검증되지 않은 투자에 올라타 크게 잃느니 확실히 자산을 식별할 수 있는 상태에서 뛰어들어야 벌 수 있다. 우리가 해야 할 것은 단 5%의 사람들이 가진 부자의 감각을 얻기 위한 훈련이다.

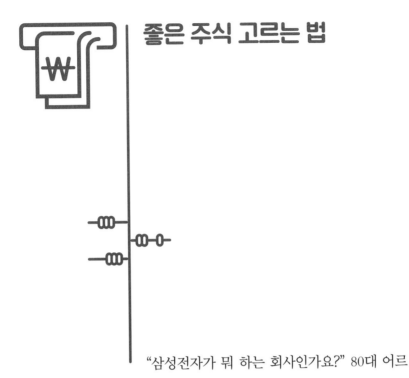

좋은 주식 고르는 법

"삼성전자가 뭐 하는 회사인가요?" 80대 어르신에게 여쭤보면 백색가전을 잘 만드는 회사라고 답하신다. 50대 중장년층에게 물어보면 반도체를 잘 만드는 회사라고 할 테고, 신입사원에게 물어보면 스마트폰을 잘 만드는 회사라고 대답한다. 여의도 증권가에 가서 물어보면 금융 핀테크와 바이오산업에서 성장하려는 회사라고 답할 것이다. 작은 기업도 아니고 이렇게 큰 공룡기업이 자신의 주력 사업을 계속 바꾸어왔다.

문과에서 이과로 전향하는 것도 힘든데, 이러한 공룡기업이 시대의 흐름에 맞게 주력 사업을 바꿔왔다는 것만으로 우리나라에서 가장 열심히 살고 있는 회사라고 말할 수 있겠다. 시가총액 약 500조 원이라는 결과가 말한다(2021년 4월 초 기준). 500조 원이라는 돈이 너무 커서 실감이 잘 안 난다면 이것만 알아두자. 웬만큼 큰 기업도 시가총액 1조 원을 넘기 힘들다.

나보다 더 열심히 사는 기업을 고르자

좋은 주식을 고르는 방법은 어떻게 보면 너무 쉽다. 우리는 하루하루 열심히 산다. 경쟁이 치열한 요즘 같은 시기에 열심히 살지 않는 사람은 없을 것이다. 하지만 사람은 가끔 지치고 힘들 때 여행을 떠난다. 이렇게 우리가 쉬는 동안에 쉼 없이 미래를 위해 도전하고 성장하는 회사를 고르면 된다. 사람은 한 번 직업을 정하면 시대의 흐름에 맞게 직업을 바꾸는 것이 무척 힘들다. 그러나 시대의 흐름에 맞게 주력 사업을 바꿔가며 열심히 사는 회사를 골라 투자하면 반드시 좋은 가격으로 보답받을 것이다.

가끔 이런 질문을 하는 분들이 있다. "제가 가지고 있는 종목은 현재 이익을 또박또박 잘 내는데 이상하게 주가는 안 올라요." 또는 "지금까지 적자만 내는 기업인데 주가는 잘만 오르던데요?" 잘 살펴보자. 여러분이 소위 가치주라고 생각하면서 가진 종목들을 보면 현재 이익은 내고 있지만 항상 하던 것만 하는 회사일 가능성이 높다. 또는 이익률이 오히려 떨어지고 있는 것을 볼 수 있다. 반대로 지금은 적자이지만 미래 산업과 방향성이 맞아 결국에는 큰돈을 벌 것으로 예상되는 회사들이 주가가 오르는 것을 볼 수 있다.

현재 열심히 살지 않는 개인과 기업은 없다. 투자 대상이 될 만큼 열심히 사는 기업이란 과거보다 지금 더 열심히 살고, 현재에 안주하지 않고 미래 산업에 끊임없이 도전하는 곳이다. 개인은 나이를 먹으면 지치기도 하고 시대의 흐름을 못 따라갈 수도 있지만 기업은 다르다. 기업은 시스템으로 이루어져 있기 때문이다. 한 사람이 지치면 다른 사람이 보완하고 이끌어갈 수 있다. 따라서 조직 문화까지 좋은 기업을 선택하는 게 매우 중요하다. 직원들의 아이디어가 경영진까지 전달되지 못하는 경직된 기업은 유능한 직원이 퇴사하면 한때 잘나갔던 기업으로 그칠 가능성이 높다. 삼성전자는 그런 면에서 특정 개인이 아닌 시스템으로 움직이는 조직이다.

따라서 삼성전자는 미래의 자산이 맞는다고 확신한다. 다만 오늘이 단기적으로 제일 비싼 주가일 수 있으니 조정이 올 때마다 분할해서 매수하길 추천한다. 훗날 웃을 일이 있을 것이다. 왜냐하면 삼성전자는 우리가 자고 있을 때에도 일하고, 우리가 나이 들어 사고가 경직되어갈 때에도 시대의 흐름에 편승할 회사이기 때문이다.

열심히 산다고 다 돈 버나? 똑똑한 기업을 고르자

열심히만 산다고 모두 돈을 벌었다면 이 세상에 돈을 벌지 못한 사람은 없을 것이다. 기업도 마찬가지이다. 그런데 큰돈을 버는 기업도

그림 2 현대차 주가 추이(2014~2019년)

최저 **65,000 (257.69%)** ▲

거래량 **10,825,349**

2013   2014   2015   2016   2017   2018   2019   2020

출처: 네이버금융

있고, 그렇지 않은 기업도 있다. 필자는 개인적으로 우리나라에서 가장 똑똑한 기업을 현대차로 꼽는다. 그림2는 현대차의 2014~2019년 주가 추이다. 계속 하향세로 내려가고 있다. 그런데 어떻게 똑똑한 기업이라고 하느냐고?

필자는 오랜 기간 현대차를 살펴보고 있었고 수년 전부터 천천히 사 모으라고 말했다(참고로 좋은 종목을 고르기 위해서는 오래 관찰해야 한다). 현대차의 주가가 장기간 하락한 이유를 파악했기 때문이다. 필자의 강의를 들은 분들이 증명해줄 것이고, 강의를 들은 수강생들은 이런 문자를 보내오기도 했다. "말씀하신 현대자동차의 주식을 진작 샀어야 했는데 제가 부자가 될 운명은 아닌가 봅니다.", "강의를 들으며 관심 종목에 추가해둔 현대자동차가 어제 훨훨 날아가더군요. 회계사 님이 말하신 그날 바로 매수했어야 했는데….."

주가가 오르내리는 데는 분명한 이유가 있다. 그렇다면 현대차의 주가는 왜 유독 2014년도부터 하락했을까? 그 해에 현대차에 무슨 일이 있었던 것일까? 삼성동에 있는 한국전력 부지를 약 10조 원에 사들이는 어마어마한 일을 벌였다. 그 뒤로 주가 하락을 면치 못했다. 이유는 이러하다. 10조 원이라는 큰돈을 왜 땅에 투자했냐는 것이다. 더군다나 너무 비싸게 샀다는 것이다.

일단 10조 원은 정말 큰돈이다. 현대산업개발이 아시아나항공을 인수하려고 생각했던 자금 규모가 2조 원대이다. 요기요로 알려진 독일 기업은 인수하려는 배달의민족의 기업가치를 4조 원대로 예상한다. 중국 지리자동차가 볼보자동차 지분을 매입하는 데 2조 원대가 들었다. 현대차가 지른 10조 원이 얼마나 큰돈이냐면 아시아나항공, 배달의민족, 볼보의 경영권을 사고도 약 1조 5,000억 원이 남는 돈이다. 그렇게 큰돈을 강남의 땅에 투자했으니 전문가들은 너무 비싸게 샀다고 입을 모아 말한 것이다. 현대차의 주가는 하락세를 보이고 말았다.

그러나 필자의 생각은 다르다. 현대차는 그 당시 최적의 의사결정을 한 것으로 보인다. 앞에서 얘기했듯이 현금이 실물을 이기지 못한다는 사실을 현대차는 일찌감치 알았던 것이다. 어떤 분들은 이렇게 얘기한다. "10조 원이라는 돈으로 테슬라처럼 전기차나 자율주행차 기술을 가진 기업을 샀어야 하는 것 아닌가?" 하고 말이다. 하지만 이 부분에서도 필자는 다르게 생각한다. 테슬라는 투자를 받아야 하는 스타트업 회사이다. 그러니 여러 시행착오를 겪으면서 도전할 수 있다. 하지만 현대차는 상황이 다르다.

현대차는 공룡기업으로서 수많은 고용을 책임지고 있다. 현대차뿐만 아니라 협력사의 직원과 그 가족들까지 생각하면 수십만 명의 생계가 달려 있다. 그런데 2014년에 전기차는 완전히 상용화되지 않은 상태였다. 스타트업인 테슬라는 전기차와 자율주행차를 개발하는 것 자체로 큰 의미가 있지만, 수십만 명의 생계를 책임지고 있는 현대차는 당장 상용화된 시장이 눈앞에 보여야 본격적으로 뛰어들 수 있다. 그렇다고 현대차그룹이 그동안 벌어놓은 돈을 현금으로만 두기에는 기회비용이 컸을 것이다. 따라서 당장은 위험성이 있는 기업 실질투자를 하기보다 삼성동 한전 부지라는 확실한 자산에서 수익을 내보자는 판단을 한 것으로 보인다.

그러면 현대차는 과연 삼성동 한전 부지를 비싸게 산 것일까? 아니다. 현대차는 10조 원이라는 높은 가격을 지불했지만 그 이상을 벌수 있다고 판단했을 것이다. 왜냐하면 이 정도의 기업이 10조 원이라는 돈을 생각 없이 투자했을 리 없다. 부자들은 단돈 1원을 투자해도 수익성을 검토한다. 그리고 많은 분이 오해하는 것이 있는데, 이 부분은 여러분도 잘 알아야 한다. 강남이 모든 게 비싸다고 착각한다. 강남에서 비싼 것이라곤 아파트 정도이다. 회장님들이 사는 단독주택이라고 하면 어디가 떠오르는가? 한남동, 평창동, 성북동 등 오히려 강북 쪽이다. 상업용 부동산은 어떠한가? 공시지가 상위 순위를 보면 명동, 을지로, 광화문 등 강북이 싹쓸이하고 있다.

현대차가 한전 부지를 매입할 때 삼성동의 공시지가가 평당 1억이 안 됐다. 삼성동은 이제야 평당 2억 정도를 형성하는데, 현재 명동은 평당 6억 원 정도를 호가하고 있다. 그러니 삼성동은 상승 여력이 무궁무진하다. 혹자는 현대차의 삼성동 한전 부지 예상 시가가 15조 원이라고 한다. 그렇다면 이미 50%의 수익을 올린 것이다. 삼성동 현대차 부지는 앞으로 20조 원도 넘길 것이다. 왜냐하면 현대차가 최고급 건물을 올릴 것이기 때문이다. 건물이 없는 상태에서도 15조 원이 거론되는데 건물이 지어진다면 20조 원을 가볍게 넘는 것은 누구나 예상할 수 있다. 현대차는 10조 원이라는 현금을 그냥 놀리느니 한국에서 가장 좋은 입지의 땅을 매입해서 최고급 건물을 올리고, 향후 그곳에서 전 세계 바이어들을 초청해 신차 모터쇼를 할 계획을 세우고 있을 것이다.

사실 해당 부지는 개발이 상당 기간 정체될 것으로 보였다. 우리나라의 최고층 빌딩인 롯데타워가 지어지는 데도 난관이 많았다. 특히나 현재 우리나라처럼 부동산이 과열된 상태에서 개발 허가가 나기 쉽지 않아 보였다. 하지만 현대차는 운도 좋았다. 코로나가 온 것이다. 안 그래도 GDP(국내총생산) 성장률이 낮은 상황에서 코로나가 왔으니 정부는 어떻게든 경기를 살려야 했다.

경기지표를 살리는 데 단기적으로 가장 좋은 것이 부동산 개발이다. 그런데 주택 가격이 뛰고 있는 상황에서 주택 개발은 부담스러워 쉽지 않을 테고, 대신 각종 건설 인프라 투자를 통해 우회적으로 경기지표를 살릴 가능성이 높다. 주위를 잘 둘러보면 주택은 규제가 있어 개발에 어려움이 많지만, 각종 기업용 부동산 개발 계획은 모두 허가되어 활기차게 개발되고 있다. 아이러니하게 코로나의 최대 수혜주는 현대차인 것이다. 2020년 초에 착공에 들어가자 코로나가 오면서 건물 개발은 큰 규제 없이 계획대로 진행될 것으로 보인다.

필자가 현대차를 몇 년 전부터 매수 종목으로 본 결정적인 이유가 한전 부지 착공 때문이었다. 한전 부지가 착공되면 주가가 서서히 상승할 것으로 판단했다. 왜냐하면 10조 원이라는 엄청난 돈이 개발 불확실성이라는 기회비용으로 묶여 있다가 이제는 최고의 인재들이 미래 산업에 대해 시너지를 낼 수 있는 실물에 투자되었기 때문이다. 역시나 현대차는 삼성동 부지의 착공 이후 본격적인 미래차 산업에 대한 투자를 발표했다. 그 이후로 현대차의 주가는 무섭게 올라갔다. 현대차는 알고 보니 정말 똑똑한 회사였던 것이다.

이렇게 똑똑한 기업에 컨설턴트로서 감히 조언하자면, 이제는 딱 하나만 더하면 현대차의 주가는 더 높이 날아갈 것이다. 최고층 빌딩에 대한 욕심을 줄이고 60층대 건물을 2, 3개 짓는 것이다. 아는 분들은 안다. 건물이 60층을 넘어가면 건축 비용이 천문학적으로 증가한다. 마천루를 지으면 한 기업이 휘청하고 나라에 위기가 온다는 말이 괜히 나온 것이 아니다. 한국의 최고층 빌딩은 당분간 롯데타워에 넘겨주고, 현대차는 60층대 건물 2, 3개를 지어서 영업에 활용하길 바란다. 그렇게까지 한다면 현대차는 한국에서 진정으로 똑똑한 기업이 될 것이다. 그러면 필자는 현대차를 꾸준히 분할매수할 것이다.

이 얘기를 들으면 삼성동 주변에 사는 분들이 발끈할 수 있다. 최고층 빌딩을 짓지 않으면 집값이 떨어진다고 말이다. 절대 그렇지 않다. 현대차가 최고층을 고집하다 중간에 건설을 멈추고 사업도 멈추면 집값에 더 안 좋은 영향을 미친다. 현대차가 실용적인 건물을 빠르게 짓는 것이 주변 지역의 집값에도 도움이 될 것이다.

한국에서 가장 높은 빌딩을 지을 기업은

앞으로 롯데타워보다 더 높은 빌딩을 지을 회사는 어디일까? 투자할 때는 항상 남들보다 먼저 생각하고 준비해야 한다. 지나고 나면 누구나 알게 된다. 미리 아는 것이 중요하다. 한번 생각해보자. 앞으로 우리나라에서 롯데타워보다 더 높은 최고층 빌딩은 지을 기업을 추측하는 데도 논리가 필요하다. 일단 최고층 빌딩을 지으려면 충분한 재원(돈)이 있어야 하고, 또 한국을 대표하는 상징성이 있는 기업이어야 허가가 날 것이다. 한국에서 최고층의 빌딩을 지을 회사는 어디일까? 삼성전자일 것이다.

재무제표에서 정보를 얻을 수 있다. 삼성전자는 현금성 자산과 1년 내 현금화 가능한 단기금융상품이 100조 원가량 되는 기업이다. 필자가 가끔 유머로 이런 얘기를 한다. 삼성전자는 1일 이체 한도만 크면 오늘이라도 100조 원을 이체할 수 있는 회사라고 말이다. 100조 원이면 삼성동 현대차 부지를 10개 살 수 있는 돈이다. 보통 수강생들은 이렇게 반응한다. "에이, 삼성전자가 한국에 최고층 빌딩을 짓는다는 것은 누구나 아는 것 아니에요?"라고 말이다. 필자가 얘기하니까 당연히 안다고 생각하는 것이지, 이런 생각을 미리 하는 사람이 몇이나 있을까? 한 단계 더 나아가 추가로 질문해보겠다. 삼성전자가 한국에서 가장 높은 빌딩을 짓는다면 어디일까? 이걸 예측하고 미리 투자해야 돈 버는 것이다. 빨리 얘기해보라고? 안 할 것이다. 여러분의 생각이 여기까지 미칠 수 있어야 한다.

필자가 100조 원을 가진 한 기업의 총수라면 서울시에서 후보지가 딱 두 군데 보인다. 향후 부동산에 조정이 오면 그곳을 매수해두면 대대손손 든든할 것이다. 이 책의 앞뒤 논리들을 여러 번 읽어보고 스텝 바이 스텝Step By Step으로 생각해본다면 누구나 같은 결론에 이른다. 투자는 결국 내가 하고 내가 책임져야 한다는 사실을 명심하자.

신경 안 써도 돈을 척척 잘 버는 기업

여러분들은 SK텔레콤이 무엇으로 이익을 가장 많이 낸다고 생각하는가? '통신업이니까 통신사업으로 이익을 가장 많이 내겠지.'라고 생각할 것이다. 재무제표를 보면 그 정답을 알 수 있다(3, 4부에서 재무제표 공부까지 꼭 마치기를 당부한다). 이에 앞서 한 가지 질문해보겠다. 회사의 이익 구조는 매출액, 매출총이익, 영업이익, 최종 당기순이익이 있다. 맨 마지막 이익으로 갈수록 금액이 커지겠는가? 작아지겠는가? 작아질 것이라는 대답이 상식적이다. 실제로 그런지 아래 SK텔레콤의 재무제표를 보자.

영업이익은 회사의 본업(주력 사업)을 통해 벌어들인 이익이다. 영업이익보다 당기순이익이 큰 회사는 본업보다 부업을 잘했다고 설

표 1 SK텔레콤 손익계산서 (단위: 100만 원)

	제35기	제34기
영업수익	16,873,960	17,520,013
영업비용	15,672,200	15,983,387
영업이익(손실)	1,201,760	1,536,626
금융수익	256,435	366,561
금융비용	385,232	433,616
기타영업외수익	71,253	31,818
기타영업외비용	439,162	343,872
관계기업투자관련이익	3,270,912	2,245,732
법인세비용차감전이익	3,975,966	3,403,249
법인세비용	843,978	745,654
당기순이익(손실)	3,131,988	2,657,595

명할 수 있다. 보통 영업이익보다 최종 당기순이익이 작을 것이라고 했는데, SK텔레콤은 특이하게 영업이익이 1조 2,000억 원인데 당기순이익이 3조 원대이다. 더군다나 한 해에만 부업을 잘한 것이 아니라 2개 연도 모두 부업의 이익이 본업보다 크다. 그렇다면 부업으로 인한 이익이 무엇인지 재무제표를 통해 살펴보자. 관계기업 투자 관련 이익이 3조 원대나 된다. 먼저 관계기업에 대해 짚고 넘어가겠다.

　관계기업은 SK텔레콤이 20~50% 이하의 주식을 소유한 기업들을 말한다. 지분율이 커서 관계된 기업이라고 부르는 것이다. 관계기업 투자주식은 시가로 평가하는 것이 아니라, 투자받은 회사의 이익에서 투자지분율만큼 관련된 이익을 가져오는 구조이다. 따라서 SK텔레콤이 투자한 관계기업이 큰 이익을 냈다는 것이다. 그렇다면 관계기업투자에서 가져온 이익의 대다수가 어디에서 비롯된 것일까? 우리가 다 아는 유명한 회사인 SK하이닉스이다. 3조 원대의 관계기업 투자 관련 이익이 거의 SK하이닉스에서 왔다고 봐도 될 정도이다. 이게 얼마나 충격적인 금액이냐면 SK텔레콤과 그 자회사까지 합친 전체 연결영업이익이 1조 2,000억 원인데, SK하이닉스를 통해 나온 이익만 3조 원에 이른다. SK텔레콤은 배보다 배꼽이 더 큰 회사이다.

　요즘 많은 사람이 머리 아프게 재테크를 꼭 해야 하냐고 묻는다. 그러면 필자는 SK텔레콤의 손익계산서를 보여주면서 말한다. "이제 재테크는 선택이 아닌 필수입니다. 천하의 SK텔레콤도 본업만으로 먹고살지 않고, 부업으로 더 많은 돈을 벌고 있죠." 이러한 현상을 개인에 비유하자면 본업은 연봉이고, 부업은 재테크인 것이다. 다만 절대 오해하지 말라. 본업을 등한시하라는 말이 아니다. SK텔레콤이 본업인 통신업을 등한시하던가? SK텔레콤은 누구보다 본업에 집중하고 오히려 하이닉스가 뭘 하든 별로 신경 쓰지 않는다. 왜냐하면 돈을 알아서 잘 벌어다 주기 때문이다. SK텔레콤은 관계기업 투자에 관련된 이익만 가져오면 되는 것이다.

여러분도 SK텔레콤처럼 현명하게 재테크(부업)를 해야 한다. 요즘 개인이 주식 투자하는 것을 보면 회사에서 종일 PC나 휴대폰만 들여다보고 있다. 이건 잘못된 재테크이다. 여러분들이 제대로 된 재테크를 한다면 본업에 집중하고 주식 창은 오히려 가끔 열어봐야 한다. 우리는 좋은 주식을 고를 때 SK하이닉스처럼 신경 쓰지 않아도 돈을 알아서 잘 벌어오는 회사를 고르면 된다. 그리고 본업에 더 집중하면 된다. 매일 주가를 들여다봐야 하는 종목은 수익이 나더라도 잘못된 투자라고 할 수 있다. 내 본업을 등한시하는 기회비용이 발생하기 때문이다. 1년에 한 번만 들여다봐도 나를 배신하지 않고 돈을 잘 벌어다 줄 기업을 끊임없이 생각해보자. 이 책을 끝까지 읽고 나면 의외로 쉽게, 좋은 종목이 떠오를 것이다.

좋은 부동산 고르는 법

부동산은 온 국민의 관심사여서 짚고 넘어가지 않을 수 없다. 먼저 여러분이 부동산에 대해 어느 정도 감각을 가졌는지 2가지 질문으로 테스트를 해보겠다. 첫째, 아파트를 보면 콘크리트로 지은 닭장이 왜 이렇게 비싼지 이해할 수 없는가? 둘째, 강남의 빈 땅을 주차장으로 놀리고 있는 것을 보면 왜 번듯한 건물을 올리지 않는지 이해가 안 되는가? 이 같은 생각을 한 번이라도 했다면 여러분은 부동산에 대한 공부가 더 필요하다.

부동산은 '입지'와 '상품'으로 접근한다

부동산은 실거주하기에 어디든 좋으므로 여기서는 가격적 측면에서만 기술하겠다. 부동산으로 돈을 벌기 위해서는 2가지를 생각해야 한다. 첫째는 입지적으로 좋은 부동산을 고르는 것이다. 둘째는 상품으로서 좋은 부동산을 고르는 것이다. 부동산을 조금 아는 분이라면 한 번쯤은 들어봤을 말이 있다. "부동산은 첫째도 입지, 둘째도 입지, 셋째도 입지이다." 여기서 좀 더 구체적으로 말하면 3가지 입지는 교통입지, 학군입지, 상권입지를 말한다.

두 번째로 고려해야 할 요소인 상품으로서의 부동산에 대해서는 주택만 논해보겠다. 상업용 부동산까지 다루기에는 범위가 너무 넓고 일부 한정된 사람들만 관심이 있기 때문이다. 대다수의 사람들은 부동산 중에서도 주택에 관심이 많다. 주택은 크게 아파트, 주상복합, 주거용 오피스텔, 빌라, 단독주택 등으로 나눌 수 있다. 이 중에서 한국 사람들에게 가장 사랑받는 상품은 뭐니 뭐니 해도 아파트이다. 우리나라 사람들이 왜 이렇게까지 아파트에 열광하는지 차차 알아보겠다.

앞에서 부동산은 입지가 가장 중요하다고 말했다. 입지는 토지를 말한다. 감가상각되는 콘크리트 건물이 아니라 땅의 가치를 볼 줄 알아야 한다. 길을 지나가다 보면 주차장으로 쓰고 있는 토지들을 볼 수 있다. 그 땅의 주인은 굳이 많은 건축비를 들여 건물을 지었다가 공실이 날 수 있는 위험을 감수하기보다 토지 취득 시 차입했던 이자만 주차장 수입으로 커버하면서 땅값이 오르기를 기다리는 것일 수 있다. 주식에 비해 부동산은 한 번 의사결정을 내리면 거액의 자금이 들어가는 일이니, 많이 공부하고 생각해서 투자해야 한다.

출산율이 내려가면 학군지역 부동산은 하락할까

앞서 언급한 3가지 입지 가운데 첫 번째로 '교통입지'에 대해 알아보겠다. 교통입지가 왜 중요하냐면 일자리 때문이다. 사람은 일해야 먹고살 수 있다. 먹고사는 게 해결됐다 하더라도 사람은 일정 부분 일을 해야 버틸 수 있다. 필자가 자산가 고객들을 보면서 뼈저리게 깨달은 것이 있다.

아무리 돈이 많아도 사람이 장기간 일하지 않으면 무기력해지고 존재에 회의감을 갖는다. 이러한 인간의 특성을 고려하면 일자리가 가까운 곳에 거주지가 있는 것이 좋다. 그러나 직장과 가까운 거주지는 공급이 매우 한정되어 있다. 따라서 외곽이라도 교통이 좋아 단시간에 일자리에 도착할 수 있다면 선호도가 높아 가격이 오를 것이다. 그런데 요즘에 이런 말을 하는 분들이 있다.

"코로나로 인해 비대면 화상회의나 재택근무가 늘어나고 있으니, 직장과의 거리나 교통이 그렇게 중요하지 않아."라고 말이다. 이러한 판단은 '사회적 동물로서의 인간'에 대한 분석이 부족한 상태에서 나온 오판이다. 사람은 절대 그럴 수 없다. 코로나 이전에도 비대면으로 소통하는 전자제품들은 완비되어 있었다. 그게 더 편했다면 이미 비대면 사회로 움직였을 것이다. 하지만 비즈니스에는 신뢰가 매우 중요해서 자주 대면하는 사업파트너와 비대면으로 접하는 사업파트너 사이에서 보이지 않는 신뢰도 차이가 크다. 오죽하면 "먼 친척보다 가까운 이웃사촌이 낫다."는 속담도 있지 않은가! 과거 외곽에 분산되어 있던 기업 R&D센터가 마곡이나 판교로 집중되는 모습에서도 알 수 있다.

교통입지가 중요한 곳은 서울 중심지보다 수도권이다. 서울 중심지는 역세권이 아니더라도 웬만하면 1시간 내에 일자리에 다다르므로 그나마 교통입지에 덜 민감하다. 하지만 수도권 중에서, 특히 도시 내 일자리를 형성하지 못한 비자립형 도시들은 반드시 주요 일자리와의 교통입지를 고려해야 한다. 하루는 이런 질문을 받았다. 수강생 한 분이 수도권에 실거주하고 있었는데 GTX(수도권 광역급행철도) 역이 자신의 아파트 바로 앞에 생긴다고 발표가 난 것이다. 그런데 그분은 GTX 역보다 호수가 바로 앞에 보이는 옆 동네 아파트로 이사하고 싶어 했다. 호수를 보며 살고 싶고 전망이 좋으니 가격이 더 오를 것이라는 추측이었다.

그런데 해당 지역은 일자리를 직접 갖고 있지 않은 비자립형 도시였다. 필자가 조심스럽게 조언했다. "호수는 운동 삼아 보러 가면 어떨까요? 가격상승을 생각한다면 GTX 역세권 아파트를 팔고 이사를 가서는 안 됩니다."라고 말이다. 서울의 한강 주변과 몇몇 수도권에서 호수 주변의 가격이 상승하는 이유는 이미 내부에 일자리가 충분하고 교통에 대한 제약조건이 어느 정도 해결되었기 때문이다. 반드시 기억해야 한다. 여러분이 사는 동네가 일자리가 충분한 자립형 수도권 지역이 아니라면 역세권과의 거리를 절대 무시해서는 안 된다.

두 번째로 '학군입지'에 대해 살펴보겠다. 많은 분이 한국의 출산율이 떨어지고 수능을 볼 아이들이 줄어드니 앞으로 학군지역의 주택 가격이 떨어질 것이라고 분석한다. 우리나라가 어떻게 성장했고, 어떻게 먹고사는지 제대로 분석해보지 않은 것이다. 한국은 천연자원이 거의 발생하지 않는 국가이다. 아랍 국가들처럼 석유가 펑펑 나오는 나라도 아니고, 호주나 캐나다처럼 관광자원이 발달한 나라도 아니다. 그렇다고 미국처럼 돈이 아주 많은 나라도 아니다.

한국이 OECD 국가에서도 상위권에 오를 수 있었던 것은 훌륭한 인적자원이 있었기 때문이다. 여기서 인적자원은 중국처럼 많은 인구수를 말하는 것이 아니다. 한국의 인적자원이 훌륭한 이유는 인구수는 적지만 어마어마한 교육으로 훈련된 개인들 덕분이다. 따라서 한국의 교육이 위축된다는 것은 대한민국의 위상이 흔들린다는 것과 다를 바 없다. 아이를 키우는 분들은 뼈저리게 실감할 것이다. 한국 교육에서는 사교육이 차지하는 비중이 매우 크다. 그래서 학군의 진정한 의미를 따지자면 사실상 학원도 포함된다. 수도권 기준으로 학원이 대규모로 형성된 지역은 이미 정해져 있다. 가장 유명한 대치동을 필두로 목동, 중계동, 분당, 평촌 등이 학군지로서 매우 유명하다.

여기서 재미난 가정을 해보겠다. 수능을 보는 고3 수험생이 30만 명에서 2,000명으로 줄고, 서울대는 입학 정원이 1,000명이라고 해보자. 수험생이 30만 명이던 시절에는 내 아이가 공부를 안 해도 그냥 저냥 이해했을 것이다. 그렇게 관대했던 부모님들도 내 아이가 50%

의 확률을 뚫고 서울대를 못 간다면 조바심이 날 것이다. "너 성적이 너무한 것 아니니? 이 상황에서 서울대를 못 들어가면 얼마나 창피하겠니. 당장 대치동 학원가로 가자." 그리고 학군지로 이사할 가능성이 크다. 이건 유머를 섞은 극단적인 가정이니 취지만 이해해주길 바란다. 요지는 학령기 인구수가 줄어드니 학군입지가 위축될 것이라는 판단을 섣불리 해서는 안 된다는 것이다.

이번에는 현실적인 사례를 들어보겠다. 예전에 아이를 3명씩 낳을 때는 한 아이마다 학원을 1개씩 보냈다. 1개씩만 보내도 학원비가 3번이나 발생했다. 그런데 요즘은 아이를 1명씩 낳다 보니 더 귀하게 키운다. 행여나 내 아이가 다른 아이들에 비해 뒤처질까 봐 1명의 아이가 학원을 5, 6개씩 다니는 실정이다. 결국 학령기 아이들의 숫자는 줄었지만 이전보다 1명의 아이가 다니는 학원 수는 크게 늘었고, 이것이 학군지가 더 견고해지는 토대가 되었다. 더 무서운 것은 외곽에 있는 학교보다 학군지 학교의 반 학생 수가 더 많다는 점이다. 그러면 학군지가 더 많이 생기면 기존의 학군지가 경쟁력을 잃지 않겠느냐는 생각도 할 수 있다.

학원가가 형성된다는 것은 GTX가 들어오는 것보다 더 힘들다. 왜냐하면 GTX는 힘 있는 공무원이 추진하면 되지만 학원 형성은 수많은 영세 학원들이 알아서 들어와야 하는 문제이다. 결국 수요와 공급에 의해 수익성이 있어야 학원가가 크게 형성될 수 있다. 그런데 신규건물은 임대료가 비싸 학원이 초기에 버틸 수가 없다. 유명한 학군지들의 학원가는 이미 오래전부터 가격이 상대적으로 저렴한 빌라 등에서 버텨왔고, 지금은 수익성이 자리를 잡았기 때문에 유지되는 것이다. 이러한 이유로 새로운 학군지가 형성되는 것은 정말 쉬운 일이 아니다.

세 번째는 '상권입지'이다. 상당히 포괄적인 개념인데 단순하게 말하면 주변에 백화점, 병원, 마트 등이 얼마나 잘 구축되어 있어 살기가 좋으냐는 것이다. 고급빌라의 가격상승이 한계를 보이는 이유는 막상 살아보면 근처에 편의점 하나 없는 불편함 때문이다. 어떤 사람들은 이렇게 이야기한다. "부자들이 설마 편의점을 걸어서 다니겠어요? 어차피 자동차로 이동하는 것 아닌가요?"라고 말이다.

생각해보자. 겨울밤에 갑자기 삼각김밥을 먹고 싶은데, 동네 편의점조차 자동차를 끌고 나가야 한다면 요즘 젊은 부자들은 그곳에 살지 않을 가능성이 높다. 특히 나이 들면 외곽으로 빠져 한적하게 살려고 생각했던 분들조차 다시 상권이 좋은 곳으로 이사를 오고 있다. 이유는 병원도 가까운 곳에 있어야 하고, 고령이므로 가급적 걸어 다닐 수 있는 거리에서 모든 것이 해결되기를 바라기 때문이다. 결론적으로 주거용 부동산을 고를 때는 앞에서 말한 교통, 학군, 상권 중에서 최소한 1가지는 갖춘 지역을 선택해야 한다. 물론 2, 3개를 갖출 수 있다면 금상첨화이다.

왜 한국인은 아파트에 열광하는가

우리나라 사람들이 유독 아파트를 좋아하는 이유는 단연코 살기 편해서이다. 그런데 마냥 살기 편해서라는 이유만으로 아파트에 대한 사랑이 이렇게 넘칠까? 아파트는 언제든지 현금화할 수 있는 금융상품이기 때문이다. 사실 부동산의 최대 단점은 말 그대로 움직여 옮길 수 없는 재산이라는 것이다. 그래서 부동산은 경기가 안 좋을 때 현금이 급히 필요하다고 해서 쉽게 팔리는 물건이 아니다. 그런데 아파트는 이미 균일화된 금융상품과 같아 몇천만 원만 싸게 내놓으면 거래가 된다.

예를 들어 GS건설에서 지은 GS자이 34평 4베이 아파트의 평면도는 서울이나 수도권이나 모두 같다. 그러니 입지의 차이를 제외하고는 아파트라는 상품 자체의 차이는 크게 없다. 물론 고급화에 차이가 있어도 자이 아파트 평면도는 전국적으로 같다. 따라서 개인이 쉽게 가치를 판단하고 거래할 수 있다. 그러다 보니 상대적으로 빌라, 단독주택보다 거래가 활발하다.

재밌는 사례를 들어보겠다. 큰 도로를 앞에 두고 2개의 단독주택이 나란히 있다고 하자. 하나는 네모반듯한 직사각형 모양으로, 최근에 10억 원에 거래되었다. 그리고 바로 옆에 있는 단독주택이 7억 원에 매물이 나왔다고 해보자. 그런데 주택이 세모 형태이다. 그러면 7억 원짜리 매물은 싸게 나온 것일까?

그림 3 단독주택 적정가격 판단

아무도 모른다. 주택 모양이 조금씩 다르므로 감정평가사 등의 전문가가 아니면 정확한 시세를 알기 어렵다. 막상 7억 원이 싸다고 들어갔다가 모서리에 가구 하나 제대로 못 놓는 불편함에 화가 나서 팔려고 하면 5억 원에도 팔리지 않을 수 있다. 그래서 단독주택의 가격이 아파트에 못 미치는 것이다. 시세의 적정성을 알기 힘드니 그만큼 일반인들의 수요가 적어지고 가격은 크게 오를 수 없는 것이다. 그에 반해 5대 건설사가 지은 아파트는 닭장이라고 불릴 만큼 균일한 평면구조를 이룬다. 닭장이라고 폄훼했던 것이 아파트의 최대 장점인 것이다. 그만큼 균일해서 주식처럼 거래가 쉬운 금융상품으로서의 기능을 가지고 있다.

빌라가 아파트에 비해 시세에 한계를 보이는 다른 이유도 있다. 빌라는 웬만한 건설 분야 전문가들이면 지을 수 있는 상품이다. 땅이 있으면 금방 지어낼 수가 있다. 그에 반해 대규모 아파트 단지를 균일하게 지어낼 수 있는 건설사는 상대적으로 많지 않다. 그러다 보니 빌라가 아파트에 비해 언제든지 공급이 이루어질 수 있다는 것이 가격 측면에서 약점으로 작용한다. 물론 대형건설사나 중소건설사나 똑같이 협력사(하청업체)들이 아파트를 짓는다. 하지만 협력사들을 종합적으로 관리해서 대규모 아파트를 짓는 것은 아무나 할 수 없다. 한국에는 대단지 아파트를 지을 수 있는 건설사가 한정되어 있다. 따라서 아파트의 공급이 빌라만큼 많을 수 없다.

그렇기 때문에 빌라를 매입할 때는 반드시 주변에 신축 빌라들이 많이 들어올 예정인지 파악해야 한다. 여러분이 산 빌라는 구축에다 엘리베이터도 없는데, 신축 빌라들은 풀옵션에 엘리베이터까지 갖추고 있다면 매매가격이 떨어지는 것은 물론이거니와 전월세 세입자까지 뺏길 가능성이 높다.

재건축 허가에서도 빌라는 여러 가지 장애가 있다. 지금 사는 빌라가 너무 낙후돼서 재건축하기만을 바라는데 주변 빌라들이 최근에 신축으로 지어졌다면 세입자들이 재건축에 동의할까? 지자체가 구역을 지정하고 밀어붙이는 재개발 사업이 아니라면 상당히 어렵다. 그에 반해 아파트는 40년 정도 되면 누구나 똑같은 불편함을 호소하게 된다. 아무래도 아파트는 재건축을 추진하는 데 집주인들이 쉽게 동의하는 편이다.

PART 2

{ 전략 }
주식시장을 예측하는 트렌디한 회계 지식

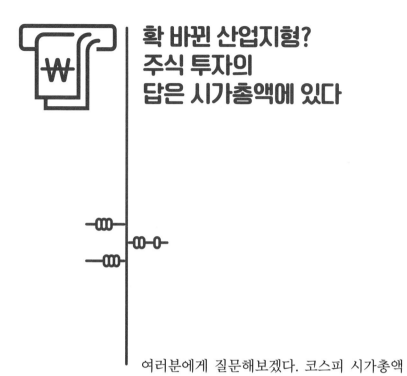

확 바뀐 산업지형?
주식 투자의
답은 시가총액에 있다

여러분에게 질문해보겠다. 코스피 시가총액 1~10위에 어떤 기업들이 있는지 곧장 말할 수 있는가? 1등은 누구나 아는 삼성전자이다. 2, 3, 4등은 어디일까? 대답하기 어렵다면 아쉽다. 많은 분이 주식 투자로 돈을 벌겠다면서 코스피 시가총액 10위권 내에 있는 기업명을 선뜻 답하지 못한다. 이는 전쟁터에 나가 반드시 이겨야 하는 군인이 상대편의 무기가 무엇인지도 모르고 나가 싸우는 것과 비슷하다. 상대편이 강한 무기를 갖고 있다면 잠시 피해 있는 것도 하나의 전략이고, 반대로 상대편이 만만한 무기를 갖고 있다면 선제공격을 하는 것이 좋은 전략이 될 수 있다. 판을 알아야 지금 치고 나갈지, 잠시 피해서 쉬었다 가야 할지를 알 수 있다. 코스피 상위

N	종목명	현재가	전일비		등락률	액면가	시가총액	상장주식수	외국인비율
1	삼성전자	85,600	▼	400	-0.47%	100	5,110,134	5,969,783	54.80
2	SK하이닉스	143,500	▲	500	+0.35%	5,000	1,044,683	728,002	50.61
3	NAVER	384,500	▼	4,000	-1.03%	100	631,593	164,263	57.12
4	삼성전자우	76,300	▼	100	-0.13%	100	627,863	822,887	77.87
5	LG화학	811,000	▼	1,000	-0.12%	5,000	572,504	70,592	44.07
6	삼성바이오로직스	765,000	▲	11,000	+1.46%	2,500	506,162	66,165	10.27
7	현대차	230,000		0	0.00%	5,000	491,437	213,668	30.67
8	카카오	542,000	▼	2,000	-0.37%	500	481,007	88,747	34.28
9	삼성SDI	654,000	▲	12,000	+1.87%	5,000	449,720	68,765	43.13
10	셀트리온	306,000	▲	2,500	+0.82%	1,000	413,185	135,028	21.28

출처: 네이버금융

종목이 그런 역할을 해준다.

코스피 상위종목은 한국의 산업지형을 보여주고, 앞으로 우리가 어떤 기업에 투자해야 하는지 알려준다. 코스피 시가총액 1~10위에는 삼성전자, SK하이닉스, NAVER(네이버), 삼성전자우, LG화학, 삼성바이오로직스, 현대차, 카카오, 삼성SDI, 셀트리온이 있다(2021년 4월 2일 기준).

여러분은 코스피 상위 10위권에 있는 기업들을 보면 어떤 특징들이 보이는가? 누구나 다 아는 회사인데 뭘 보라는 거냐고? 아는 만큼 보이니 잘 들여다보자. 첫 번째 특징은 우리나라를 선도하는 산업지형도가 많이 바뀐 것을 알 수 있다. 삼성전자와 SK하이닉스의 반도체, LG화학과 삼성SDI의 2차전지(배터리), 네이버와 카카오의 인터넷 플랫폼, 현대차의 전기차(수소차), 삼성바이오로직스와 셀트리온의 바이오산업 등이 한국 기업가치의 최상단을 이루고 있다. 불과 몇 년 전만 해도 철강, 기계장치, 조선 등의 중후장대重厚長大 산업들이 코스피 상위종목을 차지하고 있었는데, 이제는 그런 기업들이 상위권에 오르지 못하고 있다. 과거에 화려했으나 지금은 그렇지 않은 기업들을 가치주라는 명목으로 마냥 갖고 있는 분들은 코스피 시가총액의 상위종목만 잘 관찰했더라도 지금처럼 상대적 박탈감을 겪지 않았을 것이다. 혹시나 오해는 하지 않았으면 한다. 중후장대의 전통 기업들에도 반드시 좋은 시절이 올 것이다. 다만, 지금 당장 오르는 종목이 아니기에 조금 더 돈을 벌고자 했다면 최근에 성장주에서 충분히 벌었을 것이라는 얘기다.

두 번째 특징은 업종별로 2개씩 치열하게 경쟁하고 있다는 사실이다. 삼성바이오로직스와 셀트리온, LG화학과 삼성SDI, 네이버와 카카오, 삼성전자와 SK하이닉스 등 둘씩 짝지어 치열하게 경쟁하고 있다. 필자는 이 부분에서 우리나라의 미래가 밝다고 단언한다. 약 5,000만 명의 인구에 불과한 작은 내수시장에서 섹터별로 공급사들이 서로 경쟁하고 있으니 말이다. 그것도 국내에서만 활동하는 기업들이 아니라 글로벌에서 활약하는 기업들이다.

물론 회사 입장에서는 경쟁자가 없는 독점 형태가 가장 좋다. 그러나 경쟁자가 없으면 안주하게 되고 나태해지기 마련이다. 반대로 경쟁하다 보면 어쩔 수 없이 새로운 도전을 하게 되어 성장할 수밖에

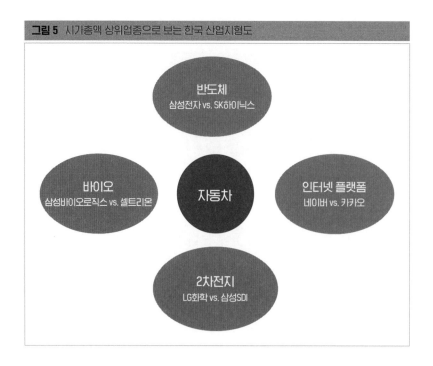

그림 5 시가총액 상위업종으로 보는 한국 산업지형도

반도체
삼성전자 vs. SK하이닉스

바이오
삼성바이오로직스 vs. 셀트리온

자동차

인터넷 플랫폼
네이버 vs. 카카오

2차전지
LG화학 vs. 삼성SDI

없다. 그러다 보면 자연스레 경쟁력도 생기기 마련이다. 예를 들어 현대차를 보라.

우리나라에서 거의 독보적인 완성차 업체로 사실상 경쟁자가 없다 보니 전기차나 자율주행차에 대한 본격적인 시도가 다소 늦어졌다. 만약 테슬라 같은 경쟁사가 국내에 있었다면 현대차는 누구보다 먼저 전기차나 자율주행차 섹터에서 독보적으로 앞서 나갔을 것이다. 왜냐하면 강력한 경쟁자로 인해 현재 상태에 안주할 수 없었을 것이고, 현대차는 이미 미래의 먹거리에 대한 고민을 끝냈을 것이기 때문이다. 그러나 직접적인 경쟁사가 없어 다소 아쉬웠다는 의미이지, 현대차는 앞에서도 언급했지만 똑똑한 회사이고 미래에 우리나라를 이끌어갈 좋은 회사이다.

시가총액 250조 원에 달하게 될 2위 기업은

세 번째 특징을 살펴보자. 삼성전자 시가총액이 2021년 4월 2일 기준으로 약 500조 원인 데 반해 2위인 SK하이닉스는 약 100조 원으로 1, 2위의 격차가 너무 크다. 심지어 2~10위를 다 합친 시가총액이 1위 기업과 비슷할 정도이니 그 차이가 어마어마하다. 선진국들은 시가총액 1, 2위가 이 정도로 큰 격차를 보이진 않는다. 참고로 미국은 시가총액 2위인 마이크로소프트가 1위 애플의 90% 정도는 따라간다 (2021년 4월 초 기준). 여기서 시사하는 바가 있다. 머잖아 삼성전자의 시가총액만큼은 아니겠지만, 그 절반인 250조 원에 달하는 회사가 나올 것으로 예측된다.

우리나라는 OECD 가입국 중에서도 상위에 드는 경제 대국이며, 한국의 특수한 성장과정을 감안하더라도 이제는 시가총액 1위의 절반 정도 규모가 되는 회사가 나온다고 예상할 수 있다. 그렇다면 그 회사는 어디일까? 이것을 맞추면 돈 버는 것이다. 어딘지 빨리 얘기해보라고? 지금은 얘기하지 않을 것이다. 뒤에서 시가총액이 250조 원이 될 회사는 차차 파악하게 될 것이다. 투자는 결국 내가 선택하고 책임져야 하는 과정임을 잊지 말아야 한다.

네 번째 특징이다. 코스피 시가총액 10위 안에 삼성그룹이 몇 개 있는지 세어보자. 삼성전자, 삼성전자우, 삼성바이오로직스, 삼성SDI 무려 4개나 포진하고 있다. 삼성이 망하면 한국이 위태롭다는 얘기가 괜히 생긴 것이 아니다. 삼성이라는 그룹의 대단함을 새삼 느낀다. 이건 마치 가족이 4명인데, 전국체전에 나가 아버지, 어머니, 딸, 아들모두가 10위권 안에 드는 기적과 같은 일인 것이다. 삼성이 얼마나무서운 기업인지 알 수 있는 대목이다. 주식에 처음 입문하거나 이미주식 투자를 꽤 한다는 분들도 삼성의 조직구조와 사업전략 DNA를처음부터 공부해볼 필요가 있다. 그러면 앞으로 어떠한 기업이 성장하고 어떠한 기업이 망가질지를 판단할 수 있는 엄청난 공부가 될 것이다.

삼성그룹에 향후 대적할 만한 그룹사로는 현대차그룹을 조심스럽게 꼽고 싶다. 시가총액 상위종목을 12위까지 늘려보면 현대차그룹은 현대차, 기아차, 현대모비스가 3개나 포진하고 있다. 현대차는 과거에 시가총액 2위까지 했다가 10위권 밖으로 밀려났다. 그런데 다시10위권 안으로 들어온 몇 안 되는 기업이다. 그만큼 저력이 있다는뜻이다. 앞으로 현대차의 행보를 잘 보아두길 바란다. 저력 있는 회사를 보고 있노라면 주식뿐만이 아니라 삶의 해법을 찾아줄 수도 있다. 돈을 번다는 것은 별것 아니다. 우리 주변에서 누구나 볼 수 있는신호를 지나치지 않고, 그 의미를 찾아 분석할 수 있느냐가 관건이다.코스피 시가총액 10위권 기업만 보고도 돈을 벌 수 있는 기회가 많이 보인다. 이번에는 여러분에게 질문하겠다. 향후 시가총액 약 250조 원에 달하게 될 2위 기업은 어디일까?

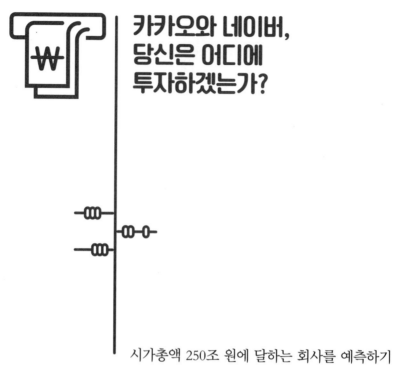

카카오와 네이버, 당신은 어디에 투자하겠는가?

시가총액 250조 원에 달하는 회사를 예측하기에 앞서 재밌는 질문을 해보겠다. 네이버와 카카오 중에서 어떤 회사가 더 크게 성장할까? 강의 도중에 이 질문을 하면 보통 90% 이상이 카카오라고 답한다. 그보다 앞서 네이버와 카카오에 대해 이런 얘기들을 많이 한다. "네이버와 카카오 주가가 엄청 올랐는데 다 거품이야. 말이 좋아 인터넷·모바일 플랫폼이지, 그래봤자 한국 내수시장이 이렇게 작은데 말이야. 막말로 페이스북, 인스타그램 같은 글로벌 회사들과 경쟁이나 되겠어?" 이건 재무제표 한 번 안 보고 하는 얘기다. 네이버의 재무제표를 살펴보자.

표 2 네이버 자산 현황   [단위: 원]

과　목	주석	제 21 (당) 기말		제 20 (전) 기말	
자　산					
I. 유동자산			880,761,992,755		1,226,980,759,079
현금및현금성자산	6,7	414,429,035,373		111,029,337,132	
단기금융상품	6,7	3,998,800,000		232,338,861,060	
당기손익-공정가치 측정 금융자산	5,6,7	11,802,308,451		103,754,499,866	
매출채권및기타채권	6,7	410,689,554,192		706,994,025,829	
기타포괄손익-공정가치 측정 금융자산	5,6,7	-		32,784,625,971	
기타유동자산	9	38,935,038,474		37,491,967,190	
재고자산		907,256,265		2,587,442,031	
II. 비유동자산			5,790,825,341,027		4,701,611,694,177
유형자산	10	855,943,164,259		806,940,724,581	
사용권자산	11	24,260,629,075		-	
무형자산	12	36,324,658,454		38,689,880,325	
장기금융상품	6,7	21,193,640,000		21,193,640,000	
당기손익-공정가치 측정 금융자산	5,6,7	1,492,283,956,575		1,151,895,834,472	
매출채권및기타채권	6,7	36,034,353,430		10,796,871,189	
기타포괄손익-공정가치 측정 금융자산	5,6,7	444,854,718,026		440,062,634,465	
종속기업,관계기업 및 공동기업투자	13	2,804,011,012,118		2,102,324,066,199	
이연법인세자산	25	65,002,985,690		120,150,050,011	
기타비유동자산	9	10,916,223,400		9,557,992,935	
자 산 총 계			6,671,587,333,782		5,928,592,453,256

출처: DART, 네이버 21기 감사보고서, 재무상태표

　　네이버의 자산총계 중 '종속기업, 관계기업 및 공동기업투자'가 약 2조 8,000억 원으로 가장 큰 비중을 차지하고 있다. 이는 네이버가 다른 기업에 지분투자를 해놓았다는 것을 의미한다. 한마디로 네이버가 투자한 기업이 엄청나다는 것이다. 주로 어디에 투자했을까? 역시 재무제표를 보면 알 수 있다. 네이버의 자회사를 합친 재무제표인 연결재무제표의 주석을 보면 네이버가 지배하고 있는 종속기업들이 나온다. 종속기업은 쉽게 말해 자회사를 말한다.

표3을 보면 네이버가 내수에만 집중하고 있다는 것은 완전한 오판임을 알 수 있다. 전 세계적으로 다양한 국가에 투자했다. 종속기업이 소재한 국가를 보면 한국을 비롯해 일본, 중국, 미국, 프랑스, 베트남, 싱가포르, 독일뿐만 아니라 대만, 태국, 인도네시아, 홍콩, 영국까지 정말 다양하다. 언제 이렇게 많이 투자해놓았단 말인가! 네이버는 이미 글로벌기업으로 설 준비를 해오고 있었던 것이다. 오래전부터 씨앗을 뿌려놓고 싹트기를 기다리고 있다.

질문으로 돌아가 네이버와 카카오 중에서 어떤 기업이 더 성장할 것이냐고 묻는다면 직감만으로 대답해서는 안 된다. 네이버와 카카오가 어디에 얼마나 많은 투자의 씨앗을 뿌려놨는지를 꼭 확인해야 한다. 씨앗도 뿌려놓지 않고 꽃이 피고 열매가 맺기를 바라는 것은 상상도 할 수 없는 일이다. 최소한 재무제표를 통해 각 회사가 어디에 씨앗을 뿌렸는지 정도는 확인해봐야 한다. 이번에는 카카오의 재무제표를 보자. 표4를 보면 종속회사가 나온다. 카카오도 한국뿐만 아니라 해외에 투자를 많이 해놓은 것을 확인할 수 있다.

카카오가 투자한 종속기업이 소재한 국가를 보면 한국, 싱가포르, 인도네시아, 중국, 일본, 네덜란드, 미국 등이 있다. 다만 카카오의 씨앗은 상대적으로 국내를 주된 기반으로 삼고 있다. 두 기업의 재무제표를 보면 글로벌 진출을 위한 투자의 씨앗은 네이버가 약간 앞서고 있다(지면의 한계상 다 싣지 못했지만 네이버가 더 많다). 이번에는 네이버와 카카오가 현재 수행하고 있는 사업을 비교해보자. 주력하는 사업도

표 3 네이버 종속기업 투자 현황

최대주주	종속기업	소재지	업 종	연결실체 지분율(%)(*1)		결산월
				당기말	전기말	
네이버	네이버비즈니스플랫폼	대한민국	온라인 정보제공업	100.00	100.00	12월
	네이버아이앤에스	대한민국	사업지원, 인력공급, 근로자파견임대	100.00	100.00	12월
	네이버웹툰	대한민국	소프트웨어 개발 및 공급업	100.00	100.00	12월
	스노우	대한민국	소프트웨어 개발 및 공급업	100.00	100.00	12월
	드라마앤컴퍼니	대한민국	소프트웨어 개발 및 공급업	81.24	81.32	12월
	오디언소리	대한민국	소프트웨어 개발 및 공급업	100.00	100.00	12월
	컴퍼니에이아이	대한민국	소프트웨어 개발 및 공급업	73.90	56.50	12월
	서치솔루션	대한민국	소프트웨어 개발 및 공급업	100.00	100.00	12월
	엔스토어	대한민국	소프트웨어 개발 및 공급업	–	100.00	12월
	웍스모바일	대한민국	응용소프트웨어 개발 및 공급업	100.00	100.00	12월
	엔비전스	대한민국	전시 및 공연기획 사업	100.00	100.00	12월
	네이버랩스	대한민국	정보서비스업, 전기장비 제조업	100.00	100.00	12월
	네이버파이낸셜	대한민국	전자금융업	100.00	–	12월
	에스비넥스트미디어이노베이션펀드	대한민국	투자	96.30	95.04	12월
	티비티 글로벌 성장 제1호 투자조합	대한민국	투자	89.91	99.00	12월
	NAVER-KTB 오디오콘텐츠 전문투자조합	대한민국	투자	99.00	99.00	12월
	스프링캠프 초기전문 투자조합 제1호	대한민국	투자	100.00	100.00	12월
	LINE(*2)	일본	모바일 서비스 개발	73.07	73.36	12월
	NAVER J.Hub	일본	부동산 임대업	100.00	100.00	12월
	NAVER China	중국	소프트웨어 개발 및 유통	100.00	100.00	12월
	V Live(구, WAV Media)	미국	모바일 서비스 개발	100.00	100.00	12월
	Camp Mobile	미국	모바일 서비스 운영	100.00	100.00	12월
	NAVER France	프랑스	투자 및 정보서비스업	100.00	100.00	12월
	NAVER VIETNAM	베트남	모바일 서비스 운영	99.00	–	12월
네이버비즈니스플랫폼	NAVER Business Platform Asia Pacific	싱가폴	IT 인프라 운영	100.00	100.00	12월
	NAVER Business Platform America	미국	IT 인프라 운영	100.00	100.00	12월
	NAVER Business Platform Europe	독일	IT 인프라 운영	100.00	100.00	12월
	NAVER Business Platform Japan	일본	IT 인프라 운영	100.00	100.00	12월
라인플러스	네무스텍	대한민국	소프트웨어 개발	100.00	88.57	12월
	그레이해쉬(*3)	대한민국	소프트웨어 개발	58.51	40.00	12월
	LINE Euro-Americas	미국	모바일 서비스 마케팅	100.00	100.00	12월
	LINE Digital Technology (Shanghai)	중국	모바일 서비스 마케팅	100.00	100.00	12월
	LINE Taiwan	대만	모바일 서비스 운영	100.00	100.00	12월
	LINE Company (Thailand)	태국	모바일 서비스 운영	99.95	99.95	12월
	PT. LINE PLUS INDONESIA	인도네시아	모바일 서비스 운영	99.99	99.99	12월
LINE Company (Thailand)	LINE Man (THAILAND) Company	태국	정보통신서비스업	100.00	–	12월
LINE Digital Technology (Shanghai)	Beijing Wangzhongwenda Technology	중국	모바일 서비스 운영	100.00	100.00	12월
LINE Taiwan	SHINEWANT TECHNOLOGY	대만	인터넷정보서비스업	100.00	100.00	12월
	JDW	대만	인터넷정보서비스업	81.20	–	12월
JDW	JDW Taxi	대만	인터넷정보서비스업	62.50	–	12월
SHINEWANT	Silent Illumination	대만	소프트웨어 개발 및 공급업	–	100.00	–

출처: DART, 네이버 21기 연결감사보고서, 주석

표 4 카카오 종속기업 투자 현황

구분	자본금 (천원)	업종	소재지	결산월	투자주식수(주)	지분율(%)
㈜다음글로벌홀딩스	2,554,050	경영관리업	한국	12월	510,810	100.0
PATH MOBILE INC. PTE. LTD.	59,734,165	서비스운영전문업	싱가포르	12월	82,284,405	100.0
PT. Path Mobile Indonesia(주16)	11,214,320	서비스운영전문업	인도네시아	12월	9,903,818	100.0
㈜케이엔웍스(구, ㈜디케이서비스)(주29)	510,680	서비스운영전문업	한국	12월	102,136	100.0
㈜디케이테크인	1,500,000	서비스운영전문업	한국	12월	300,000	100.0
DK CHINA Co., Ltd	1,092,579	서비스운영전문업	중국	12월	1	100.0
DK CHINA Sanhe Co., Ltd (주2)	174,835	서비스운영전문업	중국	12월	1	100.0
㈜버즈피아	194,390	모바일서비스	한국	12월	38,878	100.0
Beijing KAKAO Co., Ltd.	20,483,032	소프트웨어개발 및 서비스업	중국	12월	18,839,700	99.9
㈜아씨오	198,195	소프트웨어개발 및 서비스업	한국	12월	200,323	50.5
㈜키위플러스	1,906,832	소프트웨어개발 및 판매업	한국	12월	2,113,526	53.1
㈜카카오커머스	2,425,154	도소매업 및 서비스업	한국	12월	24,188,513	99.7
록앤올㈜	611,155	소프트웨어개발 및 서비스업	한국	12월	122,231	100.0
㈜왓키지업	149,255	서비스업	한국	12월	29,851	100.0
카카오-씨씨브이씨 제주창조경제혁신펀드	2,000,000	투자 및 경영관리업	한국	12월	190	95.0
㈜카카오브레인	212,900	소프트웨어개발	한국	12월	400,000	93.9
KAKAO JAPAN Corp.	51,984,051	소프트웨어개발 및 서비스업	일본	12월	876,620	99.4
DK CORPORATION(주3)	29,960	통신판매업 및 정보제공서비스 등	일본	12월	300	100.0
Piccomics corp.(구, ZUBON Inc.)(주3)	618,375	전자출판물의 기획, 제작 및 판매 등	일본	12월	11,000	100.0
㈜카카오인베스트먼트	22,016,140	경영관리업	한국	12월	2,201,614	100.0
㈜케이벤처그룹(주4)	100,000	경영관리업	한국	12월	10,000	100.0
㈜키즈노트(주4)	116,665	소프트웨어개발 및 서비스업	한국	12월	30,069	88.1
㈜티엔케이팩토리(주4)	1,180,195	모바일광고 플랫폼 운영	한국	12월	2,360,390	71.5
KI SG PTE.LTD.(주4)	1,313,400	경영관리업	싱가포르	12월	1,100,000	100.0
㈜스테이지파이브(주, ㈜핀플레이)(주4)	4,374,570	전자상거래	한국	12월	468,172	53.5
㈜카카오벤처스	18,511,080	경영관리업	한국	12월	3,702,216	100.0
케이큐브-1호벤처투자조합(주6)	2,312,000	투자 및 경영관리업	한국	12월	140	60.6
카카오청년창업펀드(주6,27)	27,000,000	투자 및 경영관리업	한국	12월	102	36.7
카카오디지털콘텐츠펀드(주6,27)	34,874,000	투자 및 경영관리업	한국	12월	150	40.4
카카오성장나눔게임펀드(주6)	30,000,000	투자 및 경영관리업	한국	12월	300	100.0
카카오아이엑스㈜	1,600,000	캐릭터 라이선싱 서비스 및 식음료 판매업	한국	12월	160,000	100.0
KAKAO IX JAPAN Corp.(주7)	5,214,450	도소매업	일본	12월	100,000	100.0
KAKAO IX CHINA Corp.(주7)	5,151,645	도소매업	중국	12월	4,500,000	100.0
㈜카카오페이지(주28)	9,723,680	소프트웨어개발 및 서비스업	한국	12월	12,355,363	63.6
KAKAO PAGE PTE. LTD.(주8)	824,640	모바일 마케팅서비스업	싱가포르	12월	985,443	100.0
㈜삼양씨엔씨(주8)	50,000	출판업, 전자상거래업,	한국	12월	7,000	70.0
㈜네오바자르(주8)	891,775	소프트웨어개발 및 서비스업	한국	12월	160,082	87.5
PT. Neo Bazar Indonesia(주9)	1,814,282	소프트웨어개발 및 서비스업	인도네시아	12월	1,597	99.8
㈜다온크리에이티브(주8)	283,240	출판,영상,방송통신 및 정보서비스업	한국	12월	39,748	70.2
Beijing Da Yun Cultural Communication Co.,LTD.(주10)	172,991	전자출판업 및 서비스업	중국	12월	200,000	100.0
㈜카카오게임즈(주28)	5,582,907	게임개발 및 서비스업	한국	12월	33,730,000	60.6
㈜엔글(주12)	205,000	게임개발 및 서비스업	한국	12월	210,000	51.2
㈜프렌즈게임즈(주11)	794,774	게임개발 및 서비스업	한국	12월	6,937,430	82.4
㈜손노리(주12)	279,545	서비스업	한국	12월	525,410	66.7
㈜툰노리(주13)	510,000	서비스업	한국	12월	52,000	51.0
Kakao Games Europe B.V.(주11)	1,295,882	게임개발 및 서비스업	네덜란드	12월	1,000,000	100.0
Kakao Games USA Inc.(주14)	2,305,200	게임개발 및 서비스업	미국	12월	500,000	100.0

출처: DART, 카카오 25기 연결감사보고서, 주석

역시나 재무제표를 보면 알 수 있다.

표5를 보면 네이버가 가장 많은 매출(영업수익)을 올리고 있는 부문은 비즈니스플랫폼으로 쇼핑과 관련된 부분이다. 이어 라인 및 기타 플랫폼 매출액이 2조 원대이다. 현재는 비중이 크게 잡혀 있지는 않지만 앞으로 웹툰 서비스 등을 통한 콘텐츠 매출액이 기대된다. 이와 관련하여 카카오와 상당한 경합을 벌일 것으로 보인다.

이번에는 카카오의 영업구조도 살펴보자. 표6을 보면 카카오는 사업을 좀 더 심플하게 분류하고 있다. 크게 플랫폼 매출과 콘텐츠 매출로 나뉜다. 플랫폼 매출에는 카카오톡을 활용한 비즈니스 매출과 신사업 분야인 모빌리티와 페이 매출액이 포함되어 있다. 콘텐츠 매출에는 멜론 관련 음악, 게임, 웹툰 매출 등이 포함되어 있다. 이런 내용을 어떻게 알 수 있냐고? 재무제표나 사업보고서에 나와 있다(DART, 카카오 25기 사업보고서의 사업의 내용 참고).

그중에서도 콘텐츠 사업 분야인 웹툰을 살펴보겠다. 웹툰은 우리에게도 잘 알려져 있으며, 앞으로 두 회사가 수익을 창출하는 큰 수단이 될 것이다. 여러분은 주로 어느 곳의 웹툰을 많이 보는가? 스스로 답하다 보면 경쟁사의 비교우위를 알 수 있다. 다른 사람의 얘기나 막연한 느낌에 의지하지 말고 실제 경쟁하는 사업에 대해 여러분이 직접 생활 속에서 비교해보자. 네이버웹툰과 카카오페이지 웹툰 중에서 아직은 네이버가 시장점유율 측면에서 우위를 점하고 있다. 구글 플레이스토어에서 리뷰와 평점을 비교해보면 네이버의 리뷰 반응과

표 5 네이버 영업 현황 (단위: 1,000원)

구 분	당기		전기	
	영업수익	비율(%)	영업수익	비율(%)
광고(*1)	633,310,139	9.60	573,044,332	10.26
비즈니스플랫폼(*2)	2,851,024,286	43.24	2,475,784,054	44.31
IT플랫폼(*3)	457,454,765	6.94	355,824,705	6.37
콘텐츠서비스(*4)	209,479,643	3.18	125,780,230	2.25
라인 및 기타플랫폼(*5)	2,442,131,232	37.04	2,056,471,212	36.81
합 계	6,593,400,065	100.00	5,586,904,533	100.00

(*1) 일반DA, 쇼핑DA, 네이버TV 동영상 광고, 밴드 DA 등(CPM)
(*2) 일반검색, 쇼핑검색 등(CPC/CPS)
(*3) 네이버 페이, IT서비스, 클라우드, 웍스 등
(*4) 네이버 뮤직, 웹툰, V LIVE 등
(*5) LINE, SNOW 등

출처: DART, 네이버 21기 연결감사보고서, 주석

표 6 카카오 영업 현황 (단위: 1,000원)

구분(주1)	플랫폼매출	콘텐츠매출	합계
매출액	1,682,121,821	1,913,137,801	3,595,259,622
내부매출액	(247,373,208)	(277,775,049)	(525,148,257)
순매출액	1,434,748,613	1,635,362,752	3,070,111,365

(주1) 연결회사는 전기까지 광고, 콘텐츠 및 기타매출로 구분하였으나 당기부터 향후 비즈니스 성장성 및 시장에서의 이해도 제고 등을 고려하여 영업수익 구분을 변경 하였으며, 당기 플랫폼매출의 대부분은전기 기준 광고매출 및 기타매출로 구성되어 있습니다.

출처: DART, 카카오 25기 연결감사보고서, 주석

평점이 상당히 앞서고 있기도 하다.

물론 웹툰의 인기와 자회사 투자 현황만으로 어디에 주식 투자를 할지 결정할 수는 없다. 다만, 네이버와 카카오 중에 어느 기업이 더 성장할 것이냐고 묻는다면 직감으로만 답해선 안 된다는 것이다. 여러분의 소중한 종잣돈을 남들이 좋다니까 따라서 투자하고, 왠지 느낌이 좋다고 무작정 투자해서는 안 된다. 투자의 의사결정을 내릴 때

는 반드시 논리적 판단 근거가 있어야 한다. 돈을 잃지 않기 위해서 확인할 수 있는 것들은 최선을 다해서 계량적으로 파악한 후에 거기에 직감을 더한다면 더 나은 결과가 있을 것이다.

결국 금융 플랫폼에서 맞붙을 세기의 대결

카카오와 네이버는 결국 금융에서 정면으로 맞붙을 것이다. 한 나라가 발전하면 개인은 금융으로 모여들게 된다. 특히 많은 유저를 확보해야 하는 인터넷 기반 회사들은 금융이라는 플랫폼이 너무나 매력적이어서 절대 놓칠 수 없다. 현재 뱅킹 분야에서는 카카오뱅크가 인터넷 전문은행으로서 앞서고 있는 모양새이다. 카카오뱅크가 얼마나 대단하냐면 현재 장외시장에서 카카오뱅크의 거래가액이 약 8만 1,500원으로, 기발행 주식 수를 감안하면 시가총액이 약 33조 원으로 추정된다(2021년 4월 2일 기준).

이것이 얼마나 큰 숫자냐면 국내 메이저 은행을 품고 있는 금융 4대 지주인 KB금융, 신한지주, 하나금융지주, 우리금융지주와 비교하면 알 수 있다. 이 4개 사는 모두 상장사인데 이들의 시가총액은 KB금융이 약 22조 원, 신한지주가 약 18조 원, 하나금융지주가 약 12조 원, 우리금융지주가 약 7조 원이다(2021년 4월 2일 기준). 비상장 기업인 카카오뱅크의 시가총액이 더 큰 것이다. 물론 카카오뱅크가 상장해야 제대로 된 시가총액을 알 수 있을 것이다. 여기서는 그만큼 카카오뱅크에 대한 투자자들의 기대가 크다는 것을 짐작할 수 있다. 그러면 네이버는 뱅킹 분야에 손놓고 있는 것일까? 절대 그럴 리가 없다. 역시나 재무제표를 통해 알 수 있다.

네이버는 네이버파이낸셜이라는 회사를 통해 금융사업을 하고 있다. 사실 네이버파이낸셜은 얼마 전까지만 해도 네이버 안에 있는 사업부였다. 2019년 11월 1일에 네이버주식회사의 '네이버페이 서비스 사업 부문'이 물적분할되어 전자지급결제대행업, 선불전자지급수단 발행 및 관리업, 결제대금예치업 그리고 이에 부수하는 사업을 영위할 목적으로 설립되었다. 네이버는 웬만한 사업을 사업부 내에 두는 편이다. 그런데 이렇게 분사해서 금융업을 운영한다는 것은 네이버가 해당 사업에 얼마나 초점을 두고 있는지 엿볼 수 있다.

따라서 카카오가 금융사업에서 먼저 앞서고 있는 것처럼 보이지만, 네이버도 내부에서 페이사업부를 통해 준비해왔고 또 네이버파이낸셜이라는 회사를 분사해서 세웠으니 금융 부분에서 언제 공격적으로 치고 나올지 모른다. 네이버는 겉으로 화려한 수식어나 성장성을 부각시키고 있지는 않지만, 업계 1위로서 한번 움직이면 무섭게 움직이는 기업이다.

상황이 이렇다 보니 오프라인 지점을 기반으로 한 전통은행들이 상당히 민감한 반응을 보이고 있다. 인터넷 플랫폼을 기반으로 한 카카오와 네이버가 금융을 호시탐탐 노리고 있기 때문이다. 그러나 전

표 7 네이버 종속회사 (단위: 1,000원)

종속기업명	자산	부채	자본	영업수익	당기순이익(손실)	총포괄손익
LINE	5,386,752,128	3,025,361,507	2,361,390,621	1,780,631,286	8,049,591	151,818,570
네이버파이낸셜	851,847,263	828,784,636	23,062,627	86,787,790	(4,592,069)	(5,451,587)
LINE Financial	799,422,763	8,575,629	790,847,134	3,835,598	(23,006,703)	(8,852,057)
네이버비즈니스플랫폼	702,504,833	436,046,476	266,458,357	492,580,515	11,528,999	1,855,249
라인플러스	682,110,036	205,174,788	476,935,248	413,795,341	(44,892,711)	(19,746,559)
LINE Pay	456,346,447	323,514,060	132,832,387	67,148,247	(220,357,990)	(212,593,395)
LINE Financial Asia	419,604,442	2,152,982	417,451,460	–	(4,834,389)	(3,957,340)
NAVER France	313,691,402	10,660,734	303,030,668	26,023,946	1,933,190	5,364,696
네이버웹툰	290,286,395	84,564,304	205,722,091	161,023,510	(33,492,765)	(35,196,838)
LINE BIZ+ Taiwan	272,110,014	94,648,293	177,461,721	29,938,953	(5,755,034)	3,181,102
에스비넥스트미디어이노베이션펀드	213,276,762	1,115,244	212,161,518		11,287,995	11,287,995
LINE Financial Taiwan	198,759,976	1,927,840	196,832,136	–	(1,922,640)	(3,048,918)
LINE Digital Frontier	192,224,450	80,513,729	111,710,721	65,940,968	17,197,434	21,642,026
LINE Securities Preparatory	188,337,199	21,974,496	166,362,703	(504,656)	(42,487,523)	(34,297,749)
LFG HOLDINGS	160,096,919	15,170,803	144,926,116	12,169,914	(2,732,711)	2,122,901

출처: DART, 네이버 21기 연결감사보고서, 주석

통은행들이 그렇게 떨 만한 상황은 아니라고 본다. 왜냐하면 금융은 리스크와의 싸움이기 때문이다. 공격적으로 돈을 잘 벌다가도 금융 사고가 크게 일어나면 기업 전체가 흔들릴 수 있다. 이런 부분에서 전통은행들은 어마어마한 노하우를 가지고 있다. 따라서 카카오와 네이버는 금융 리스크 관리에 대해 얼마큼의 역량을 쌓았느냐에 따라 해당 분야를 석권할 열쇠를 쥘 것이다. 아마도 네이버가 인터넷전문은행에 먼저 뛰어들지 않는 것은 인터넷 플랫폼 회사가 금융에 뛰어들었을 때 일어날 수 있는 리스크에 대해 카카오뱅크를 보면서 준비하는 것이 아닐까? 세간의 이목은 카카오의 성장성에 집중하고 있지만, 업계 1위인 네이버를 절대 무시해서는 안 된다. 느리지만 탄탄하게 준비하는 모습이 마치 항공모함이 움직이는 듯한 착각이 들 정도이다.

그러나 카카오가 뛰어난 아이디어에 힘입어 엄청나게 성장할 것이라는 의견에는 100% 동감한다. 그럼에도 불구하고 필자가 네이버에 더 힘을 실어 말하는 이유는 그래야 카카오의 주식에 투자한 분들 혹은 카카오가 더 성장할 것이라고 예측하는 분들이 카카오의 사업을 공부하기 때문이다. 카카오와 관련된 신문기사든, 증권사 보고서든, 재무제표든, 자기만의 분석이 제일 중요하다. 이렇게 미래를 분석하고 예측하는 연습은 주식 투자로 살아남는 데 매우 소중한 훈련이다.

주식으로 돈을 벌 기회가 보이기 시작했다

이제부터 여러분은 시가총액 상위종목이 다르게 보일 것이다. 예측이 맞는지 틀리는지는 둘째 문제다. 재무제표를 천천히 분석하는 연습이 중요하다. 다시 첫 질문으로 돌아가자. 1위인 삼성전자의 뒤를 이어 시가총액이 250조 원에 달하게 될 회사는 어디일까?

현재 2위인 SK하이닉스가 후보군이다. SK하이닉스는 인텔의 메모리 반도체 사업을 10조 원에 인수하는 과감한 투자계획을 발표했다. SK하이닉스는 100% 반도체 매출로 수익을 내는 곳인데, 그중에서도 D램 제품의 매출 비중이 약 73%이고, 낸드플래시NAND Flash 매출 비중이 약 24%로 D램에 편중되어 있다. 이번에 인텔 반도체 사업부를 인수함으로써 낸드 매출 비중이 약 38%까지 올라갈 것으로 본다. 일단 시장에서는 SK하이닉스의 투자에 대해 환호하는 모양새이다. 그

증거로 시가총액이 100조 원까지 치솟았다. 그렇다면 SK하이닉스의 시총이 250조 원까지 갈 수 있을까? 둘 중 하나의 선결 조건이 충족되어야 한다.

첫 번째 방법은 반도체 업황이 크게 성장해야 한다. 다행히도 대다수의 전문가들이 향후 몇 년간 반도체의 슈퍼사이클을 예상하고 있다. 과감하게 투자한 SK하이닉스가 시가총액을 올릴 수 있는 좋은 환경이 마련되어가는 것이다. 두 번째 방법은 삼성전자 등의 경쟁사 시장점유율을 뺏어오는 것이다. 이 부분은 만만찮을 것으로 보인다. 왜냐하면 삼성전자를 비롯하여 지금 남아 있는 글로벌 반도체 기업들은 과거 반도체 단가 하락의 출혈경쟁에서도 살아남은 기업들이기 때문이다.

출혈경쟁이라는 것이 경쟁사를 무너뜨리기 위해 공급설비를 늘려 반도체 단가를 하락시키는 전략을 쓰는 것이다. 이 부분에서도 삼성전자는 매우 강하다. 이미 현금성 자산을 100조 원가량 보유하고 있고, 반도체 외에도 스마트폰과 백색가전을 통한 현금흐름cash flow에 자신감이 있어 호황과 불황에 모두 강하다. 따라서 SK하이닉스는 첫 번째 방법인 반도체 업황 자체의 호황에서 좀 더 확실한 승부를 보는 게 낫다.

이번에는 LG화학을 살펴보자. LG화학은 화학 분야보다 전기차에 들어가는 배터리(2차전지)에서 강력한 성장성이 기대된다. 미래에 전기차는 상용화되고, 환경 문제와 각종 규제로 인해 몇 년만 지나도 가솔린이나 디젤로 움직이는 자동차를 볼 수 없을 것이다. 사실 전기차는 이미 있었다. 우리가 놀이동산에 가면 보는 범퍼카가 전기 배터리로 가는 자동차이다. 다만, 서울에서 부산까지 장거리를 쉬지 않고 시속 100km로 꾸준히 가려면 그만큼의 강력한 배터리가 있어야 한다. 결국 전기자동차는 전기 에너지를 얼마큼 잘 보관하고 장시간 사용할 수 있느냐가 관건인 배터리의 문제이다. 과거 내연기관 자동차의 핵심이 엔진이었다면, 전기차 시대의 핵심은 배터리이다.

LG화학도 시가총액 250조 원을 넘보기 위해 이미 시동을 걸었다고 보면 된다. 그 증거가 LG화학이 배터리 사업부만 따로 떼어내 회사를 설립하겠다고 발표한 것이다. 삼성전자의 시총 절반을 따라가려면 강력한 성장성이 있어야 한다. 따라서 화학 분야도 좋은 사업이지만, 오로지 성장성만으로 밸류에이션을 다시 받기 위한 LG화학의 몸부림이라고 보면 되겠다. 배터리 사업 부문이 분사되면 반드시 상장할 것이다. 그때 반드시 그 주식을 사야 한다. 공모주에 참여하여 주식을 싸게 받는 것이 가장 좋은데, 받을 수 있는 수량이 얼마 안 되기에 추후에 물량을 확보하기 위한 전략을 잘 짜야 할 것이다. 아마도 분사하면 시총 250조 원에 도전할 회사는 LG화학이 아니라 LG배터리(가칭)가 될 전망이다. 삼성전자 시총의 절반을 따라가려면 정말 강력한 성장성이 아니면 쉽지 않기 때문이다.

이번에는 네이버를 살펴보자. 솔직히 네이버는 가늠이 안 된다. 네이버 자체로는 과연 삼성전자의 시총 절반을 갈 수 있는 회사냐에 대해서는 선뜻 말할 수 없다. 하지만 만약 한국에서 자율주행차의 시대를 독자적으로 추진해야 하는 상황이 온다면 그 중심에는 네이버가 있을 확률이 매우 높다. 그때 네이버는 형용할 수 없는 가치를 받을 것이고, LG화학의 배터리 사업보다 더 큰 시총을 이룰 수도 있다. 만약 국내에서 독자적으로 무인자동차를 개발한다면 하드웨어는 현대차가 만들겠지만 데이터는 다른 기업에 의지해야 한다. 그 대상은 네이버가 될 확률이 매우 높다. 이미 네이버는 자율주행차와 관련된 대비를 하고 있을 것이다. 네이버가 무서운 것은 그것을 이익으로 구현할 줄 안다는 점이다.

사실 테슬라나 애플 등이 자율주행차를 먼저 개발하더라도 다른 나라에 직접적으로 진출할 수는 없을 것이다. 왜냐하면 그 나라만의 교통문화가 있기 때문이다. 운전, 교통만의 문제가 아니라 문화가 결합된 것이라 반드시 현지 업체와 협업이 필요하다. 그런 면에서 현대차도 매우 좋은 수혜주이지만 시간이 지나면 네이버도 무인자동차 이슈의 한복판에 서 있을 가능성이 높다. 만약 그런 일이 벌어진다면 네이버 또한 시총 250조 원에 도전할 수 있는 기업이 될 것이다. 참고로 네이버는 조정을 보일 때마다 분할매수해 보유하고 있는 것이 좋다. 혹시나 이렇게 얘기하면 카카오를 가진 분들이 서운할 수 있을 것이다. 말해 무엇하겠는가? 국내에서 자율주행차 시대가 열린다면 카카오도 당연히 그 중심에 서 있을 것이다.

시총 250조 원에 도전하는 회사로 현대차는 어떠한가? 일단 전기차 시대에는 가까스로 편승했다. 한때는 많은 사람이 현대차가 전기차 시장에서 상당히 뒤처져 있다고 우려했지만, 현대차는 똑똑한 회사이다. 순식간에 전기차 시장의 궤도에 안착했고 전기차 시장이 가장 큰 유럽에서도 선전하고 있다. 하드웨어를 만드는 자동차 회사들은 전기차 시장만으로는 시총을 올리는 데 한계가 있다. 결국은 자율주행차 시장까지 내다봐야 새로운 밸류에이션을 받게 될 것이다. 그러기 위해 현대차도 자율주행차에 더 적극적으로 뛰어들어야 한다. 한때 애플과의 협력관계 이슈로 현대차 주가가 들썩였다. 지금은 무산된 것으로 보이지만 앞으로의 협력관계는 아무도 모른다. 그런데 현대차 입장에서는 해외 유수의 회사와 협력하여 자율주행차를 생산하는 것에 장단점이 있다.

해외 글로벌기업들과 협업하면 단시간에 자율주행차를 생산할 수 있다는 장점이 있지만 자칫 하청업체로 전락할 수 있는 단점도 열려 있다. 반대로 자체적으로 개발했을 때는 자율주행차 진입이 늦어지는 위험이 있지만 자체 개발만 성공한다면 그때는 시총 250조 원이 문제가 아니라 삼성전자와 어깨를 나란히 할 것이다. 따라서 현대차가 스스로 자율주행차를 개발하겠다는 강한 목표의식을 가지고 연구개발해야 한다. 그래야 해외 유수의 파트너사와의 협상에서 경쟁력이 생긴다. 만약 아무도 손을 잡아주지 않아도 현대차가 스스로 살아

남는 방법이 될 것이다.

마지막으로 삼성바이오로직스를 보자. 시총 250조 원의 강력한 후보군이다. 삼성바이오로직스에 대해 이렇게 말하는 분들이 있다. "바이오 회사가 어떻게 신약개발을 안 할 수 있죠? 그런 회사를 바이오 회사라고 할 수 있나요?"라고 말이다. 바이오산업에 대해 심도 있게 고민해보지 않았다고 할 수 있다. 삼성바이오로직스 같은 회사는 신약을 개발할 필요가 없다. 재미난 비유를 들어 설명해보겠다.

제약회사에서 20년 정도 근무한 의학 박사님이 회사로부터 제대로 된 보상을 받지 못해 퇴사하고서 하는 것이 신약개발이다. 천재적인 두뇌를 가진 개인이 퇴사하면 무엇을 하겠는가? 투자를 받아 신약개발을 할 것이다. 그래서 신약개발만 전문으로 하는 회사들은 규모가 의외로 크지 않다. 삼성바이오로직스가 무서운 이유는 자신의 강점과 약점을 정확하게 알고 있다는 것이다.

삼성바이오로직스의 가장 강력한 무기는 그룹사의 자금력이다. 그러니 그 돈으로 할 수 있는 게 무엇일까? 생산설비 같은 인프라를 대량으로 설치하는 것이다. 그렇게 지어놓은 생산기지(CAPEX, 생산기지는 이윤 창출, 가치의 취득을 위해 지출한 비용이다.)를 통해 글로벌 제약회사들로부터 주문을 받아 위탁생산을 해서 돈을 버는 것이다. 이를 CMOContract Manufacturing Organization라고 한다. 지금 삼성바이오로직는 CMO 능력 1위이다. 국내 1위가 아니라 글로벌 1위로서 이미 전 세계 최다 생산능력을 갖추고 있다. 이러한 사실은 역시 재무제표와 사업보고서에 나와 있다(234쪽 참고). 삼성바이오로직스의 가장 강력한 무기는 자금력인데 왜 굳이 신약개발을 하겠는가? 경험이 없는 회사가 섣불리 도전하다 임상실험에서 실패하면 그대로 나락으로 빠지는 게 신약개발인데 말이다. 오히려 공장을 대규모로 설치해놓고 세계적 제약·바이오 회사들로부터 주문을 받아 안정적으로 위탁생산을 해주는 전략을 택한 것이다. 어디서 많이 본 사업모델 아닌가?

삼성전자도 처음에는 위탁생산만 해주는 OEM(Original Equipment Manufacturing, 생산설비만 있는 기업이 기술과 유통망을 구축하고 있는 기업으로부터 주문받은 제품을 대신 만들어주는 것)으로 시작했다. 서당 개도 3년이면 풍월을 읊는다고 수십 년간 위탁생산을 해주다 보니, 기술을 터득하게 된 것이다. 삼성전자가 지금은 전 세계 메모리 반도체 기술력 1위이다. 삼성바이오로직스도 위탁생산을 주로 하는 CMO기업으로 출발했지만 종국에는 바이오산업 분야 기술력 상위에 올라설 것이다. 그런 면에서 강력한 시총 250조 원 후보군이다.

그런데 주식 투자자들에게 바이오 업종은 주가 등락이 심하고 단기차익을 올리는 종목으로 인식되어 있다. 물론 그런 회사들도 있다. 하지만 잘 생각해보면 전 세계의 인구가 고령화되어가고 의학발달로 수명이 늘어나고 있다. 그 말은 앞으로 노인의 삶이 꽤 길다는 것이다. 아무래도 몸을 오래 써왔기에 여기저기 고장 날 일도 많을 것이다. 그러니 반드시 치료해서 노년의 삶을 건강하고 활력 있게 살아야 하지 않겠는가! 더군다나 이번 코로나 팬데믹으로 바이오산업에 대한 중요성이 더욱 대두되었다. 성장하는 산업의 중심에 서 있는 삼성바이오로직스는 조정이 올 때마다 한 주씩 사 모은다면 노후에 삼성바이오로직스가 치료제도 개발해주고 주가가 상승해 생활비의 일부도 보장해줄 것이다.

사실 기업이 성장하고 주가가 오르려면 2가지 방법이 있다. 첫째는 그 회사가 정말 열심히 노력해야 한다. 둘째는 산업 자체에 수요가 있고 성장성이 있어야 한다. 그런 면에서 삼성바이오로직스는 2가지를 모두 갖추고 있다. 바이오는 성장하는 산업이고, 삼성바이오로직스는 CMO 1위 기업이다.

시간이 지나고 나면 누구나 주가가 오를 줄 알았다고 말한다. 하지만 사람의 마음이 간사해서 그 당시에는 의심하고 또 의심한다. 그런데 오늘 삼성바이오로직스를 매입한 사람이 다음 주에 왜 주가가 오르지 않느냐고 따지면 안 된다. 앞에서도 말했듯이 우리는 SK텔레콤처럼 올바르게 재테크해야 한다. 가치가 오를 기업을 사놓고 본업에 충실하면 미래에 알아서 돈을 벌어다 주는 것이 제대로 된 투자라고 했다. 바이오 종목은 타 업종에 비해 등락이 심하니까 한 번에 매수하지 말고 떨어질 때마다 분할매수 해놓는다면 훗날 기분 좋은 일이 있을 것이다.

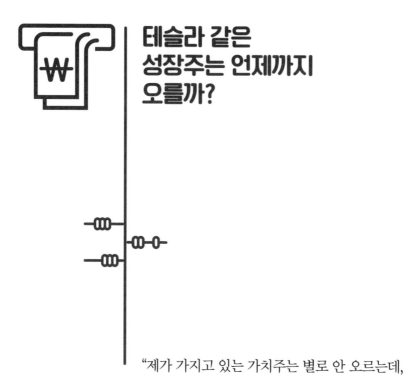

테슬라 같은 성장주는 언제까지 오를까?

"제가 가지고 있는 가치주는 별로 안 오르는데, 왜 이렇게 성장주만 주가가 오르나요?" 최근에 이런 질문을 많이 받는다. 우선 대답하기 전에 성장주와 가치주를 요즘 투자자들의 관점으로 접근해보겠다. 성장주는 지금 당장은 사업에 투자하느라 돈을 잘 벌지는 못하는 기업이다. 대신에 미래에 대박의 현금흐름이 기대되는 곳이라고 볼 수 있다. 상대적으로 가치주는 지금 당장은 꾸준한 현금흐름을 보이는 기업이다. 그런데 미래에 성장성은 커 보이지 않고 현 상태를 유지하는 회사라고 볼 수 있다. 실제로 가치주가 이런 기업을 뜻하는 것은 아니다. 진정한 가치주란 지금의 현금흐름도 좋고 미래의 성장성도 기대되는 회사를 말한다. 하지만 현재 주식시장에서 사람들이 바라보는 관점으로 정의해본 것이다.

　"성장주가 언제까지 오를까?"라는 질문에 대답하기 위해서는 매우 중요한 이론을 짚고 넘어가야 한다. 기업의 가치가 어떻게 산출되는지 알아야 한다. 쉽게 설명해볼 테니 천천히 따라오길 바란다. 기업의 가치는 크게 2가지를 통해 산출된다. '현금흐름'과 '할인율'이다. 현금흐름은 제법 익숙할 테고, 할인율은 조금 생소할 수 있다. 하지만 의외로 쉬운 개념이다. 예를 들어 어떤 기업의 가치를 산출할 때 미래에 현금흐름이 어떻게 될지 추정해보아야 한다. 그리고 미래의 현금은 현재 돈의 가치와 같지 않기 때문에 할인을 해야 한다. 다시 말해 미래에 화폐가치가 떨어지는 만큼 돈의 가치를 깎는 작업을 할인율이라고 표현한다.

　자, 이제 기업의 가치를 계산해보자. 매년 10억 원의 현금흐름을 영원히 버는 기업이 있고, 할인율은 10%라고 한다. 이 기업의 가치는 얼마인가? 현금흐름 10억 원을 할인율 10%로 나누면 된다. 그래서 이 기업의 가치는 100억 원이 된다.

$$\frac{10억\ 원}{10\%=0.1} = 100억\ 원$$

　그럼 이런 질문이 들어온다. "매년 10억 원씩 10년만 벌어도 100억 원인데, 그럼 11년째부터의 현금흐름은 가치가 없다는 말인가요?" 그렇다. 돈의 가치를 깎아보면 11년째부터 제로(0)에 가까워진다. 조금 어렵다면 이렇게 생각해보자. 11년째부터의 현금을 할인율 10%씩 10년만 깎으면 사실상 100%가 깎인다. 여기서 할인율은 매우 중요한 개념이다. 만약 할인율이 0%라면 미래에 현금의 가치가 전혀 깎이지 않는다는 뜻이다. 이제 서서히 눈치챈 분들이 있을 것이다. 왜 요즘 성장주의 기업가치가 올라가는지 말이다. 성장주의 특징은 지금은 사업에 투자하느라 비록 돈을 잘 벌지 못하지만 대신 미래에 대박의 현금흐름이 기대되는 회사이다.

대표적인 성장주인 테슬라를 향해 투자자들은 이렇게 묻고 싶을 것이다. "테슬라는 5년 후부터 현금흐름이 플러스(+)로 전환되나요?" 테슬라가 대답한다. "아. 저희는 성장기업이잖아요. 5년간 투자만 하느라 마이너스(-)입니다." 다시 투자자가 묻는다. "그럼 10년 후부터는 플러스로 전환되나요?" 테슬라가 다시 대답한다. "에이, 저희는 강력한 성장주잖아요. 10년 후에도 투자하느라 현금흐름은 마이너스죠. 대신 미래에 언제일지는 몰라도 대박의 플러스 현금흐름이 기다리고 있습니다." 만약 이 대화를 하는 시기가 할인율이 꽤 높은 10%라면, 천하의 테슬라도 투자자들에게 철저히 외면당할 것이다. 11년째부터는 현금흐름이 매년 10%씩 10년이 깎여 그 가치가 제로에 가까워지므로, 미래에 돈을 잘 벌 것이라는 성장주의 논리는 통하지 않기 때문이다.

만약 할인율이 0%라면 어떨까? 미래에 대박의 현금흐름만 벌어다 준다면 미래의 현금이 할인 없이 그대로 기업가치에 가산되는 구조이다. 그렇다면 이런 궁금증이 생길 것이다. 과연 그 중요한 할인율이라는 것은 어떻게 정해지는지 말이다. 할인율을 결정하는 요소는 여러 가지가 있지만 아주 쉽게 말하자면 '금리'가 하락하면 할인율도 하락한다. 요즘 전 세계의 금리가 어떠한가? 미국은 기준금리가 0~0.25%이고, 한국도 0.5%에 불과하다(2021년 4월 15일 기준). 그러니 미래에 벌어들인 돈을 깎는 할인율도 그만큼 낮아지고 있다. 할인율이 낮아지면 미래에 벌어들이는 돈의 가치가 그대로 가니까 미래에 큰돈을 벌 가능성이 높은 성장주들의 가치가 높아지는 것이다. 한편으로 이런 생각도 든다. 할인율이 낮아지면 가치주도 결국 좋은 것 아닐까? 할인율이 낮을 때는 상대적으로 가치주가 힘을 못 쓴다. 예를 들어보겠다.

　요즘 투자자들의 관점에서 정의한 바에 따르면 가치주는 지금 이 순간에도 일정한 현금을 또박또박 벌어내는 회사이다. 예를 들어 매년 10억 원의 현금을 벌어들이는 가치주가 있다고 하자. 대신 크게 성장하지는 않는 회사이다. 이때 투자자가 물어본다. "혹시 10년 후에도 10억 원의 현금을 버나요?" 가치주가 대답한다. "그럼요. 저희는 꾸준해요. 10년 후에도 10억 원을 꾸준하게 벌어냅니다." 이때 투자자가 버럭 화를 내며 따졌다. "장난하나요? 다른 성장주는 10년 후에는 10배 정도 성장한다는데, 당신은 10년 후에도, 20년 후에도 똑같이 10억 원만 번다고요?" 하고 말이다. 따라서 할인율이 낮을 때는 미래에 매출이 급격하게 성장하는 성장주와 비교되면서 성장하지 않는 기업들은 상대적으로 낮은 평가를 받게 된다. 최근에 금리가 극단적으로 낮아짐에 따라 할인율도 낮아져 미래의 매출이 기대되는 성장주가 각광받는 이유이다.

성장주의 특성상 지금은 투자만 하느라 마이너스의 현금흐름을 보이지만, 미래에 대박의 플러스 현금흐름이 기다리고 있기 때문이다. 그 현금흐름이 거의 깎이지 않고 기업가치에 모두 가산되는 것이다. 결국 성장주가 언제까지 오를 것이냐고 묻는다면 할인율이 오르기 전, 즉 금리가 오르기 전까지는 계속 상승세를 보인다고 답할 수 있다. 그렇다면 제일 중요한 것은 금리가 과연 언제 오를 것인가이다. 이 부분은 후술하고 기업가치를 산출하는 방법을 먼저 살펴보겠다.

영구성장률도 모르고 주식 투자를 하겠다고?

앞에서 기업가치를 산정하기 위한 요소로 현금흐름과 할인율을 꼽았다. 그런데 성장주는 한 가지 더 있다. 성장하는 기업이므로 '성장률'이라는 요소를 고려해야 한다. 쉽게 말해 오늘 10억 원을 벌면 1년 후에는 11억 원, 2년 후에는 12억 원을 벌어들이는 현금흐름이 계속 성장하는 상태이다. 그런데 이걸 현금흐름에서 고려하면 계산하기가 곤혹스럽다. 그래서 이렇게 계산한다. 미래의 현금흐름의 가치를 할인율로 깎으니까 할인율에서 성장률만큼 차감하는 것이다. 둘 다 백분율 단위(%)이므로 계산하기가 쉽다.

예를 들어 첫째 연도에 10억 원을 버는 기업이 매년 5%씩 영구성장을 한다고 가정해보자. 그리고 지금 할인율은 10%이다. 어차피 미래의 현금흐름을 10% 깎아야 하는데, 이 회사는 5%씩 성장하니까 할인율 10%에서 성장률 5%를 차감한 순할인율 5%로 할인하면 성장을 반영해준 것이나 마찬가지이다. 헷갈린다고? 지금 성장주를 제대로 이해해야 성장주에 투자해서 돈을 벌 수 있다. 호흡을 가다듬고 천천히 따라오길 바란다.

매년 현금을 10억 원씩 버는 기업의 가치를 구하기 위해서는 미래에 벌어들이는 현금흐름을 10%의 할인율로 깎아서 현재가치를 구해야 한다. 그런데 해당 회사가 매년 5%씩 성장한다면, 현금흐름이 그만큼 증가할 것이므로 할인율 10%에서 성장률 5%를 차감한 값인 순할인율 5%를 적용하는 것이다. 10%로 할인하는 것보다 순할인율 5%로 할인했을 때 기업의 가치가 더 크게 올라가니까 성장성을 반영한 것이나 다름없다. 따라서 매년 현금을 10억 원씩 버는 기업에 순할인율을 적용했을 때 현재가치를 구하는 식은 다음과 같다. 식은 참고만 하고 여기서는 순할인율을 적용해 기업의 현재가치를 구한다는 개념만 이해하면 된다. 이제 가치주와 성장주에 순할인율을 적용했을 때 계산 값이 어떻게 변하는지 살펴보자.

$$\frac{10억 원}{순할인율} = 현재가치$$

〈상황1. 할인율이 10%일 때〉

가치주: 매년 10억 원씩 꾸준히 버는 기업. 단 성장하지 않음.

할인율	10%		1년	2년	3년	4년	5년	6년	7년	8년	9년	10년…
성장률	0%	현금흐름	10억	10억	10억	10억	10억	10억	10억	10억	10억	10억…
순할인율	10%	현재가치	9.1억	8.3억	7.5억	6.8억	6.2억	5.6억	5.1억	4.7억	4.2억	3.9억…

기업가치 약 100억

성장주: 첫해에 10억 원 벌고 매년 5%씩 성장하는 기업

할인율	10%		1년	2년	3년	4년	5년	6년	7년	8년	9년	10년…
성장률	5%	현금흐름	10억	10억	10억	10억	10억	10억	10억	10억	10억	10억…
순할인율	5%	현재가치	9.5억	9.1억	8.6억	8.2억	7.8억	7.5억	7.1억	6.8억	6.4억	6.1억…

기업가치 약 200억

할인율이 10%면 성장하지 않는 가치주는 미래에 현금의 가치가 10%씩 급격하게 깎인다. 1년 후에 9.1억, 2년 후에 8.3억, 3년 후에 7.5억, 4년 후에 6.8억으로 깎이다 10년 후에는 3억 원대에 이른다. 따라서 가치주의 기업가치는 약 100억 원으로 계산된다. 그에 반해 성장주는 5%씩 성장하므로 할인율 10%에 성장률 5%를 차감한 순할인율 5%로 깎는다. 1년 후에 9.5억, 2년 후에 9.1억, 3년 후에 8.6억, 4년 후에 8.2억으로 깎이다 10년 후에는 6억 원대에 이른다. 따라서 성장하는 기업은 미래에 현금의 가치가 상대적으로 덜 깎여서 기업가치가 약 200억 원이 나온다. 이때 할인율이 내려가면 가치주와 성장주에 미치는 영향력이 어느 정도인지 다음의 예시를 통해 살펴보자.

〈상황2. 할인율이 5%로 낮아질 때〉

가치주: 매년 10억 원씩 꾸준히 버는 기업, 단 성장하지 않음.

할인율	5%		1년	2년	3년	4년	5년	6년	7년	8년	9년	10년…
성장률	0%	현금흐름	10억	10억	10억	10억	10억	10억	10억	10억	10억	10억…
순할인율	5%	현재가치	9.5억	9.1억	8.6억	8.2억	7.8억	7.5억	7.1억	6.8억	6.4억	6.1억…

기업가치 약 200억

성장주: 첫해에 10억 원 벌고 매년 5%씩 성장하는 기업

할인율	5%		1년	2년	3년	4년	5년	6년	7년	8년	9년	10년…
성장률	5%	현금흐름	10억	10억	10억	10억	10억	10억	10억	10억	10억	10억…
순할인율	0%	현재가치	10억	10억	10억	10억	10억	10억	10억	10억	10억	10억…

기업가치 약 2,000억

할인율이 5%로 낮아질 때 가치주와 성장주의 기업가치는 어떻게 될까? 가치주는 할인율이 5%로 하락하면 기업가치가 약 200억 원까지 오른다. 매년 5%씩 성장하는 성장주는 할인율이 5%로 하락하면 기업가치가 무려 약 2,000억 원까지 상승하는 것을 볼 수 있다. 어떻게 성장주의 가치가 이렇게까지 오를 수 있단 말인가? 할인율과 성장률의 관계를 이해하지 못하면 무서워서 성장주에 절대 투자 못 한다. 천천히 따라가보자.

성장주의 '현재가치'를 보면, 미래에 현금흐름이 하나도 안 깎이고 10억 원이 그대로 유지된다. 그 이유는 미래에 현금의 가치를 할인율 5%로 깎아야 하지만, 영구성장률 5%가 할인율을 상쇄해버려 돈의

가치가 하나도 안 깎이기 때문이다.

성장주의 기업가치가 할인율의 변화에 따라 어디까지 증가할 수 있는지 조금 더 살펴보겠다. 다들 마음의 준비를 단단히 하자. 여러분들이 상상할 수 없는 데까지 가치가 오르는 것을 보게 될 것이고, 테슬라의 주가가 오를 수 있었던 원인을 알게 될 것이다. 테슬라의 주가가 오른 것은 막연한 환상이 적용된 것이 아니라 철저한 기업가치 평가법에 따라 오른 것이다.

〈상황3. 할인율이 성장률보다 낮아질 때, 성장주의 기업가치〉
성장주: 첫해에 10억 원 벌고 매년 5%씩 성장하는 기업, 할인율은 4%

할인율	4%		1년	2년	3년	4년	5년	6년	7년	8년	9년	10년…
성장률	5%	현금흐름	10억	10억	10억	10억	10억	10억	10억	10억	10억	10억…
순할인율	-1%	현재가치	10.1억	10.2억	10.3억	10.4억	10.5억	10.6억	10.7억	10.8억	10.9억	11.1억…

기업가치
약 6,464억

매년 5%씩 성장하는 성장주는 할인율이 4%로 하락하면 기업가치가 무려 약 6,464억 원까지 상승한다. 할인율 4%보다 성장률이 5%로 더 크기 때문에 가능한 일이다. 성장주의 '현재가치'를 보면 현재보다 미래의 값이 더 커지는 것을 볼 수 있다. 그 이유는 5%의 성장률이 할인율 4%를 상쇄하고도 1%의 초과 성장을 하기 때문이다. 그러다 보니 지금보다 미래의 가치가 더 높게 반영되는 것이다.

해당 성장주가 테슬라라고 가정해보자. 6,464억 원이라는 기업가치가 고점이고 더는 안 오를 것처럼 느껴진다. 하지만 여기서 할인율이 3%로 떨어지면 얘기가 달라진다. 거품일 것 같았던 기업가치는 더 오르게 된다.

성장주: 첫해에 10억 원 벌고 매년 5%씩 성장하는 기업, 할인율은 3%

할인율	3%		1년	2년	3년	4년	5년	6년	7년	8년	9년	10년…
성장률	5%	현금흐름	10억	10억	10억	10억	10억	10억	10억	10억	10억	10억…
순할인율	-2%	현재가치	10.2억	10.4억	10.6억	10.8억	11.1억	11.3억	11.5억	11.8억	12억	12.2억…

기업가치
약 27,929억

무려 기업가치가 약 2조 7,929억 원까지 오른다. 이러니 테슬라의 주가가 끝도 없이 오를 수 있었던 것이다. 한 번만 더 계산해보자. 아무리 성장주라도 기업가치가 이렇게까지 오른 상태에서 선뜻 투자하기 망설여진다. 그런데 할인율이 2%가 되면 어떻게 될까?

성장주: 첫해에 10억 원 벌고 매년 5%씩 성장하는 기업, 할인율은 2%

할인율	2%		1년	2년	3년	4년	5년	6년	7년	8년	9년	10년…
성장률	5%	현금흐름	10억	10억	10억	10억	10억	10억	10억	10억	10억	10억…
순할인율	-3%	현재가치	10.3억	10.6억	11억	11.3억	11.6억	12억	12.4억	12.8억	13.2억	13.6억…

기업가치
약 147,078억

기업가치가 약 14조 7,078억 원까지 오른다. 할인율이 2%밖에 안 되는 상황에서 5%로 성장하는 기업은 할인율을 상쇄하고도 무려 3%의 초과 성장을 하는 것이다. 그러니 미래의 기업가치가 더 높게 반영된다. 그동안 테슬라의 주가가 상상을 초월한 가격으로 오른 원리를 이해하겠는가? 따라서 요즘같이 저금리 기조 아래에서 낮은 할인율을 유지하고 있을 때 기업들이 성장하려고 노력하기만 한다면 기업가치는 아주 높게 평가될 것이다. 그래서 요즘 주식시장에서 첫째도 성장, 둘째도 성장이라고 말하는 것이다. 성장에는 관심이 없고 현 상태만 유지하려는 회사들은 상대적으로 높은 기업가치를 받기 힘들다.

그렇다면 성장주의 주가는 언제까지 오르느냐고? 정답은 할인율이다. 낮은 할인율은 저금리가 유지되어야 한다고 했다. 그래서 전문가들이 '금리'를 강조하는 것이다. 머지않아 금리가 오르는 것 아니냐고 많이 걱정한다. 과연 금리가 오를 것인지에 대해서 다음 페이지에서 설명해보겠다.

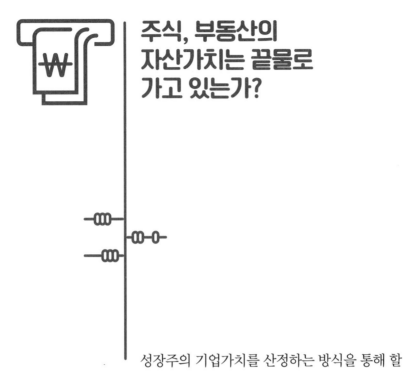

주식, 부동산의 자산가치는 끝물로 가고 있는가?

성장주의 기업가치를 산정하는 방식을 통해 할인율이 얼마나 중요한지 알았다. 그리고 그 할인율은 기준금리로부터 시작한다는 것도 알았다. 과연 금리는 앞으로 어떻게 될 것인가? 개인투자자들에게는 이것이 매우 중요한 이슈이다. 만약 금리가 본격적으로 오르기 시작해 할인율이 오르면, 그때는 성장주의 시대가 막을 내리기 때문이다. 앞으로 자산가치가 어떻게 될 것인지는 2개의 국가로부터 참고할 수 있다. 과거의 사례로 일본을 연구하고, 미래의 사건으로 미국을 분석해보면 어느 정도 예측이 가능하다.

일본의 잃어버린 30년으로 보는 금리 예측

과거 일본의 사례를 통해 금리를 예상해보자. 일본은 주식과 부동산이 최대 20배까지 오르자 자산의 버블을 잡기 위해 금리를 단기적으로 급격하게 올리는 초강수를 두었다. 그러면서 일본의 자산가치가 큰 폭으로 하락하기 시작했고, 이를 일시적인 현상으로 오판한 일본은 금리를 계속해서 올렸다. 일본의 자산가치가 하염없이 내려가자 일본 정부는 뒤늦게나마 금리를 내리는 정책을 펼쳤지만 때는 늦어버렸다. 지금 일본은 사실상 제로금리 정책을 수년 동안 써왔지만 일본의 개인들은 더는 주식이나 부동산에 적극적으로 투자하려고 하지 않는다. 특히나 대출받아 투자한다는 것은 상상도 하지 못한다.

일본의 개인들은 수입이 생기면 수익률이 0%에 가까운데도 주로 저축만 한다. 그렇게 일본은 성장 탄력을 잃고 30여 년 동안 경기가 하락세를 보였다. 그 이유는 일본 국민이 금융당국을 신뢰하지 않기 때문이다. 아무리 저금리 정책을 쓰고 대출을 해주면서 새로운 것에 도전하라고 해봤자 일본의 개인은 자산 매입을 하겠다고 대출하지 않고, 기업은 신사업을 해보겠다고 나서지 않는다. 언제 금리를 올려 회수할지 모른다는 불안감 때문이다. 각국의 정부는 일본의 사례를 지켜보았기에 과오를 번복하지 않으려 할 것이다.

미국도 금리를 올리려다 크게 놀란 적 있다. 2008년 글로벌 금융위기가 오고 주식시장과 부동산시장이 크게 폭락하자 미국은 즉각적으로 금리를 내리고 어마어마한 돈을 풀었다. 그랬더니 1년 반 만에 주식시장이 순간적으로 회복되었다. 이에 자신감을 가진 미국 연방준비위원회는 금리를 올리는 정책을 쓰기 시작했다. 그러나 주식시장은 아래로 곤두박질치고 말았다. 금리가 오르고 할인율이 오르면 기업의 가치가 어떻게 되는지 앞에서 보여주지 않았던가? 미국 연준도 깜짝 놀라 금리를 올리는 정책을 상당 기간에 걸쳐 천천히 하기로 수정했다. 현재도 비슷한 현상이 일어나고 있다.

예상치 못한 코로나 팬데믹으로 금융시장이 크게 하락했고, 역시나 미국 연준은 금리를 제로로 낮추고 2008년도보다 더 많은 돈을 풀고 있다. 그러다 보니 주식 가치뿐만 아니라 웬만한 자산의 가치가 급격하게 상승하고 있다. 이렇게 자산가치가 오르니 벌써 일부 전문가들은 미국이 금리를 곧 올릴 것이고, 그러면 성장기업과 각종 자산의 가치가 위험해질 것이라고 경고한다. 물론 조심해야겠지만 한번 생각해보자.

여러분이 미국 연준 의장이라면 일본과 미국의 과거 사례를 보고서도 급격하게 금리를 올릴 수 있을까? 현재 상황에서 미국 연준 의장은 금리를 올리는 결정을 쉽사리 할 수는 없을 것이다. 과거의 상황과 많이 다른 점이 하나 있기 때문이다. 그것은 이미 세계화가 너무 많이 진행되었다는 것이다. 이러한 상황에서 만약 미국 연준이 예고 없이 금리를 급격하게 올리면 전 세계의 중산층이 무너지고, 그로 인해 미국 서민층과 중산층까지도 큰 타격을 입을 것이기 때문이다. 과거에는 미국이 금리를 올려 특정 국가가 무너져도 미국경제에 큰 타격이 없었다. 하지만 현재는 세계화가 많이 진행되어 미국경제에 영향을 줄 수밖에 없다. 따라서 미국이 금리를 급격하게 인상하는 것은 쉽지 않아 보인다.

자본주의는 금융이 중심이고, 금융은 신뢰가 기본이다. 신뢰가 깨지면 금융이 무너지고 이는 곧 미국식 자본주의가 무너진다는 뜻이다. 그래서 미국 연준은 2023년까지는 금리를 절대 올리지 않겠다고 선언했다. 아마 그 이후로도 금리를 쉽게 올리지 못하고 어쩌다 조금 올리고서 시장 참여자들에게 물어볼 것이다. "당신들 괜찮아? 버틸 수 있겠어?"라고 말이다. 시장 참여자 중 누군가 "금리를 올리니까 저희 부도날 것 같아요. 대량 해고를 해야 할 것 같은데요."라고 한다면 미국 연준은 금리를 올리는 일을 멈출 가능성이 크다. 앞서 금리가 오르지 못하고 할인율이 낮아지는 상황에서 조금이라도 성장하는 기업이나 개인이 있다면 기업가치 또는 자산가치가 크게 오른다고 했다. 그러니 여러분과 한국에 있는 수많은 기업은 금리를 걱정하기보다 자신의 성장성에 대해 고민을 더 많이 해야 한다.

코로나 위기를 극복하면 일시적으로 소비가 증가하고 인플레이션 상승 압력이 일어나서 금리를 올려야 하지 않겠느냐는 이슈가 생길 수는 있다. 하지만 유럽, 일본뿐만 아니라 오히려 미국, 한국조차도 장기 저금리 시대에 대비해야 할 것이다. 물가가 오르면 금리를 어쩔 수 없이 올려야 하는 상황이 올 수도 있다. 그러나 기술의 발달로 공급은 언제든지 늘릴 수 있는 상황이 되었고, 심지어 가격 변동성이 컸던 석유조차도 셰일가스의 채산성이 높아져 예전만큼 가격이 오르기는 힘들어 보인다. 그리고 수요 측면에서도 인터넷이 발달하면서 최저가가 합리적으로 공개되고 있어 물건이 가장 낮은 가격에 거래되는 것 역시 장기적으로 물가를 안정시키는 요인이 되고 있다.

미중 무역전쟁으로 보는 미래 자산가치 예측

"미국과 중국이 싸우면 누가 이길까?" 미중 무역전쟁이 화두가 되는 상황에서 꽤 흥미로운 질문이다. 대답하기 힘들 정도로 두 나라는 세계 최강의 반열에 올라서 있다. 그래도 굳이 선택하라고 하면 최근에는 중국이라는 답변을 많이 한다. 하지만 필자의 생각은 다르다. 아직 미국이라는 나라를 절대로 무시하기 힘들다. 왜냐하면 미국은 금융 강국이기 때문이다. 미국이라는 나라가 금융을 얼마나 잘 다루는지 살펴보겠다.

보통 자산가치의 폭락을 논할 때 항상 언급되는 나라가 일본이다. 그런데 일본에 어떻게 버블이 형성되었고 어떤 계기로 일본의 버블이 깨졌는지 제대로 분석해본 사람은 드물다. 과거 일본은 자산가치에 상당한 버블이 있었다. 물론 그 안에는 엄청난 부채도 끼어 있었다. 하지만 앞에서도 말하지 않았던가. 부채는 절대적인 금액이 중요한 것이 아니라 그것을 관리할 능력이 있느냐가 중요한 포인트라고 말이다. 그런 면에서 일본은 부채를 관리할 수 있는 충분한 능력을 갖추고 있었다. 그런데 왜 일본은 처참하게 무너졌을까?

일본은 그 당시 최고의 기술력을 보유한 국가로, 수출을 통해 어마어마한 돈을 벌고 있었다. 과하게 돈을 잘 버니까 미국이 경고했다. "일본, 너희들 돈 잘 버는 건 알겠는데, 적당히 해." 일본은 그 경고를 무시했다. 워낙 수준 높은 기술력으로 전 세계의 수요가 몰리다 보니 돈을 잘 벌 수밖에 없었고 그 돈으로 전 세계에 있는 자산들을 깡그리 사들이니 무서울 게 없었다. 괌에 여행을 가보면 알 것이다. 웬만한 호텔들이 일본계 자금의 소유로, 그 당시에 매입한 자산들이다. 일본은 엄청난 자신감에 취해 미국의 경고를 무시했다. 그러자 미국은 일본을 플라자 호텔로 초대했다. 그리고 나서 환율하락(엔화 평가절상유도)이라는 내용이 담긴 계약서에 서명하게 했다. 그 내용은 이러하다.

예를 들어 우리나라는 현재 환율이 1달러당 1,200원인데, 계약서에 서명하는 순간 1달러당 600원으로 떨어지는 것이다. 우리나라의 대표 수출기업인 삼성전자를 떠올려보자. 삼성전자가 수출로 1달러를 벌어 원화로 환전하면 원래는 1,200원을 받았다. 환전한 1,200원 가운데 600원은 원재료를 사고 300원은 인건비로 지불했다. 그리고 남은 300원은 회사의 이익으로 남길 수 있었다. 그런데 미국과의 계약서에 서명하는 순간 하루아침에 환율이 1달러당 600원이 되어버리는 것이다. 이제는 삼성전자가 1달러를 수출하고 환전하면 600원밖에 수령하지 못하는 것이다. 그 돈으로 원재료 600원어치를 구입하고 나면 직원들에게 인건비도 못 주는 상황이 되어버린다. 천하의 삼성전자라도 버틸 수 있겠는가? 이러한 과정을 거치면서 일본의 이름 있는 수출기업들이 순차적으로 무너져버렸다.

한국도 같은 일을 겪었다. 1997년까지 한국은 최고의 성장률을 자랑했다. 자신감이 넘쳐 외화차입금까지 엄청나게 끌어다가 썼다. 이때도 미국은 대놓고 하지는 않았지만 한국에 적당히 하라고 경고했다. 그런데 그 당시만 해도 그 말이 잘 와닿지 않았다. 결국 외화차입금의 만기를 연장해주지 않아 천하의 대우그룹이 무너지는 초유의 사태를 겪었다. 그 사건이 누구나 아는 IMF 외환위기이다. 이 정도로 미국은 금융에서 정말 무서운 장악력을 가지고 있는 국가이다. 가끔 이런 얘기를 하는 분들이 있다. "일본은 왜 그 당시에 플라자 호텔에서 극도로 불리한 계약서에 서명했을까요?"라고 말이다. 미국을 상대로 끝까지 서명하지 않은 국가가 있다. 바로 소련이다.

천하의 소련이라는 거대 국가는 미국에 대항한 결과 공화국들이 쪼개지는 초유의 사태를 맞이하며 1991년 급속히 붕괴했다. 이처럼 미국을 상대로 이긴 나라는 거의 없다고 보면 된다. 중국은 이렇게 여러 국가의 과거사를 공부하고 분석했을 것이다. 그래서 전 세계에 부채가 쌓이는 상황에서 이미 몇 년 전부터 부채 관리에 들어갔다. 미국이 이를 모르지 않을 것이다. 미국은 이를 감지하고 이번에는 다른 방법을 쓸 가능성이 매우 높다. 그런데 이것을 이해하려면 회계 지식이 약간 필요하다. 아주 쉬운 개념만 쓸 것이다. 회계에는 재무상태표라는 것이 있다. 왼쪽에는 '자산'을 표시하고, 오른쪽에는 그 자산을 형성하기 위해 조달한 자금인 '부채'와 '자본'을 표시한다. 그리고 회계는 모든 거래를 양쪽으로 나누어 기입하는 복식부기라는 방법으로 재무상태를 표기한다. 이러한 단순한 회계 지식으로 미국이 앞으로 어떤 전략을 취할지 예상해보겠다.

아래 그림을 전 세계의 재무상태라고 가정해보자. 과거 미국은 금융에서 전통적으로 아래와 같은 전략을 취해왔다. 자산을 형성하는 부채와 자본이 균형을 맞추고 있다.

| 자산 100 | 부채 50 |
| | 자본 50 |

그런데 2008년 서브프라임모기지 사태로 위기가 오자 미국은 막대한 돈을 풀었고, 이어서 유럽, 일본 등 선진국들이 연이어 돈을 풀었다. 돈을 푼다는 것은 사실 중앙은행을 통해 부채를 증가시켜 시중에 돈을 푸는 것이므로 전 세계적으로 부채가 크게 증가한다.

| 자산 100 | 부채 100 |
| | 자본 50 |

문제는 재무상태표가 복식부기, 즉 양쪽에 표기하는 것이라서 오른쪽만 늘어날 수가 없다는 것이다. 부채가 늘어나면 아래 그림처럼 필수적으로 왼쪽의 자산도 늘어나게 된다. 자산이 늘어난다는 말이 무슨 뜻이겠는가? 엄청난 부채 증가로 인해 자산가격이 상승하여 양쪽 금액의 합계를 맞추게 되는 것이다.

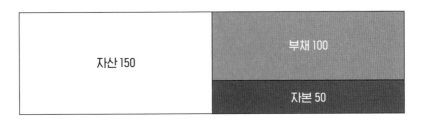

이러다 보니 자산의 가치가 100에서 150으로 50% 증가한다. 따라서 위기가 와서 돈(부채)을 풀면 역으로 자산가격은 오르는 구조인 것이다. 회계의 복식부기 구조만 알면 '위기가 와서 실물경제가 이 모양인데, 왜 자산가격이 오르지?' 하는 의구심은 갖지 않을 것이다. 시간이 지나 경제 위기가 해결되면 미국은 금리를 서서히 올리면서 시중에서 부채를 회수한다. 이 과정에서 오른쪽의 부채만 감소하는 것이 아니라, 왼쪽의 자산가치도 함께 빠진다. 이것을 그동안 과하게 올랐던 자산가치의 버블을 빼는 작업이라고 한다. 그러니 일부 전문가들이 얘기하는 것처럼 실물경기가 어느 정도 정상화되면 그동안 과다했던 부채를 회수하는 전략으로 미국이 금리를 올릴 것이고, 그러한 과정에서 자산가치가 크게 하락한다.

여기서 필자는 다르게 본다. 앞에서 말한 전문가들의 예측이 일반적이긴 하다. 하지만 전혀 예기치 못한 코로나 팬데믹이 2020년에 발생한 것이다. 따라서 천하의 미국조차 2008년도에 쏟아부은 부채를 회수하기는커녕 오히려 2020년도에 더 많은 부채를 쏟아붓게 되었다. 마치 아래 그림처럼 말이다. 부채가 100에서 300으로 급격하게 증가하다 보니 왼쪽의 자산가격도 믿을 수 없을 정도로 크게 올라버린 것이다. 이것이 전 세계가 맞이한 자산시장의 현황이다.

지금 미국 정부의 부채가 한화 약 2경을 넘어버렸다. 웬만한 규모여야 부채를 줄일 것 아니겠는가! 코로나가 지나가고 실물경기가 조금 좋아진다고 해도 과거처럼 오른쪽의 부채 금액을 급격하게 줄인다면, 왼쪽의 자산가격이 너무 큰 폭으로 하락하므로 천하의 미국조차 감당할 수 없는 충격적인 일이 벌어질 것이다. 따라서 미국은 이전과 다른 방법을 선택할 가능성이 크다. 여러분에게 질문해보겠다. 전 세계의 재무상태가 너무나 과도한 부채로 균형이 깨져버린 상태에서 미국은 어떻게 균형을 맞추겠는가?

만약 여러분이 재무상태의 균형을 맞춰야 하는 미국 정부라면 의외로 쉽게 해결책이 떠오를 수 있다. 예를 들어 어떤 직장인이 10억 원짜리 주택을 사면서 7억 원의 차입금을 빌렸다고 하자. 부채 비중이 너무 과다하다. 자산의 70%가 부채이기 때문에 어떻게든 해결해야 한다. 어떻게? 미국이 부채를 해결하는 방법과 유사하다.

정부의 빚은 멈추지 않는다

앞에서 부채가 위험한 주요 요인 2가지를 뭐라고 했던가? 첫째는 매월 내야 하는 이자 부담이고, 둘째는 언젠가 갚아야 하는 원금상환이 걱정이라고 했다. 그럼 첫 번째 위험 요소인 이자부터 해결해보겠다. 이자율을 0%로 만들면 된다. 부채가 7억 원으로 과도해도 이자율이 0%라면 이자는 1원도 부담하지 않아도 된다. 그래서 미국은 제로금리를 만든 것이다. 금리를 제로로 만들어서 이자율을 0%로 만들면 아무리 부채 원금이 100억 원, 1,000억 원, 2경이 된다고 해도 0%를 곱하면 이자는 한 푼도 발생하지 않는다.

자, 그러면 원금상환은 어떻게 해결하냐고? 매입한 주택의 자산가격이 크게 오르면 해결된다. 자산가격이 10억 원에서 70억 원이 되면 차입금 7억 원이 뭐가 무섭겠는가? 부채의 비중은 10%밖에 안 되는데 말이다. 그래서 미국은 주식과 부동산의 가치를 올리는 것이다. 과다한 부채를 해결하기 위해 부채를 줄이는 일반적인 생각이 아니라, 역으로 자본을 크게 증가시키는 초강수를 두는 것이다.

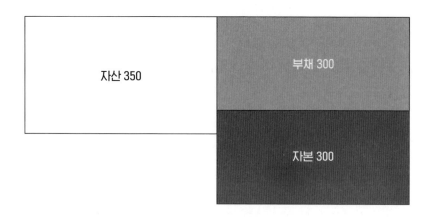

마찬가지로 재무상태의 복식부기 원리상 한쪽만 늘어날 수는 없다는 것이 문제다. 필연적으로 자산도 늘어나게 된다. 그래서 자산가격이 이렇게 올랐는데도 더 크게 상승하는 믿을 수 없는 일이 일어나는 것이다.

현재 주식, 부동산, 원자재, 채권뿐만 아니라 심지어 비트코인까지 크게 오르고 있다. 현금을 제외하고는 안 오르는 실물자산이 없을 정도이다. 여기서 미중 무역전쟁과 미국이 자산가치를 올리려는 전략은 무슨 관계가 있을까? 지금 중국을 비롯해 한국도 부채 관리에 들어갔다. 특히 중국은 전 세계에 나가 있는 부동산 투자금을 회수했다.

제주도만 봐도 알 수 있다. 얼마 전만 해도 제주도 땅값이 크게 올랐던 이유는 중국이 제주도 땅을 대거 사들였기 때문이다. 그때 제주도 땅값이 천정부지로 올랐지만, 지금은 제주도 땅값이 예전만 못하다. 이유는 중국의 자금이 자국의 부채 축소 정책에 따라 본국으로 돌아갔기 때문이다. 부채가 과도하게 쌓여 있는 상황에서 미국이 금리를 급격하게 올렸을 때 과거 한국과 일본이 어떻게 무너졌는지 잘 알고 있는 중국은 대비하려는 것이다. 그런데 미국은 이를 역이용할 것으로 보인다.

전 세계 전문가들은 미국이 향후 부채를 줄이고 자산가치 하락을 유도할 줄 알았는데, 미국은 역으로 자산가치 급등세를 만들어버린 것이다. 그러니 전 세계 국가들은 혼란스러울 것이다. 지금이라도 부채를 늘려 자산가치 상승에 편승할 것이냐, 아니면 금리 상승에 대비해 계속 부채를 줄이는 전략을 취할 것인지를 말이다. 안전하게 부채를 축소하는 전략으로 가면 되는 것 아니냐고 생각할 수 있다. 예를 들어 설명해보겠다. 친구가 과도한 부채를 빌려 주식과 부동산을 샀는데 자산가격이 계속 오른다고 하자. 언젠가는 버블이 붕괴될 줄 알았는데 오히려 자산가격이 더 큰 폭으로 오르는 것이다. 이때 여러분들은 상대적 박탈감을 느끼며 언제까지 버틸 수 있겠는가?

미국의 혁신 기업들은 부채 축소를 무서워하기보다 자금조달을 더 확대하여 큰 폭으로 성장하고 있는데, 중국은 언제 올지 모르는 위험을 고려해서 아무것도 하지 않고 오히려 축소한다. 그러니 이게 단순한 문제가 아니고, 상당히 고도의 전략 싸움인 것이다. 이 시기에 미국의 기업들은 혁신적으로 성장하고 미래의 먹거리를 마련해놓을 텐데, 중국 기업들은 부채 관리에만 신경 쓰다 혁신적으로 성장할 시기를 놓쳐버린다면 그 이후의 승패는 누구나 예상될 것이다.

현재 시점에서는 개인, 기업, 국가까지도 잘 판단해야 한다. 상승장에 올라타려면 지금이라도 조정 시기를 잘 활용해서 적절하게 올라타야 한다. 그렇지 않다면 주변 국가와 기업, 친구들의 자산 상승으로 인해 상대적 박탈감을 느끼더라도 언제 올지 모르는 폭락장까지 멘탈로 버텨야 한다. 최악은 초반의 상승장을 거품이라고 부정하다 진짜 끝물에 올라타서 고점에 물려버리면 천하의 국가도 흔들릴 수밖에 없다. 미국 주식이 연일 미친 것처럼 올라가고 있다. 어쩌면 미국은 부채를 회수할 생각도 없는데 마냥 부채 회수 시점을 미리 걱정하며 국가 전체를 상대적 박탈감으로 빠지게 할 수도 있는 것이다. 이 대목에서 중국도 고민이 상당히 깊어질 것이다. 부채를 축소하는 전략을 계속 유지해나가야 할지, 다시 부채를 늘려 혁신 기업들을 만들어내야 할지에 대해서 말이다. 이처럼 미국이라는 나라는 금융에서 만큼은 정말 무서운 국가이다.

결론적으로 우리에게 시사하는 바는 자산가치는 앞으로 상당 기간 우상향할 것이라는 점이다. 과거와의 차이점은 모든 자산이 오른다는 것이다. 과거에 목적 없이 오를 때는 좋은 자산만 올랐다. 그래서 빈부격차가 극대화되었다. 하지만 지금은 각국 부채를 해결해야 한다는 목적이 있으므로 모든 자산이 오르고 있다. 특정 자산만 올라서는 각국의 부채를 해결할 수 없을 정도로 부채가 많다. 그래서 한때 안전자산인 금, 채권과 위험자산인 주식, 부동산, 비트코인이 동시에 오르는 기이한 현상도 보였던 것이다. 한국의 부동산도 자세히 보면 이전에는 좋은 입지인 소위 강남 위주의 상승세가 두드러졌다. 그런데 지금은 서울뿐만 아니라 지방 광역도시까지 모두 오르고, 상품성이 아쉬운 빌라와 단독주택까지 다 오르는 것이다. 여기서 우리는 중요한 팁을 하나 얻을 수 있다. 주식시장도 마찬가지라는 것이다.

미국을 필두로 각국의 부채를 해결해야 한다는 거대한 목적 아래에서 자산가치가 상승하고 있다. 따라서 성장주만 오르는 것이 아니라 소위 가치주라고 해서 평상시 오르지 않던 종목들도 모두 순환매로 오를 가능성이 높다. 그러니 성장주가 비싸서 편승하지 못하는 분들은 우량한 가치주 중에서 아직 덜 오른 종목을 천천히 사서 모으는 것도 좋은 방법이다. 다만 하나 명심해야 한다. 특정 지역, 특정 종목이 진짜 자산으로서의 가치가 있어서 오르는 것이 아니라 무지막지한 부채를 해결하기 위한 상승세임을 말이다. 그 목적이 달성되고 나면, 결국은 미래에 성장성이 있는 입지와 종목만 계속 상승한다는 사실을 잊어서는 안 된다.

지금은 진정으로 가치 있는 자산이 아닌 것도 당분간 다 오를 가능성이 높다. 대신 이 기간에 현명한 분들은 좋은 자산으로 갈아타야 한다. 주식이라면 가격이 싼 종목에 잠시 들어가서 돈을 벌 수 있지만, 어느 정도 벌면 반드시 성장하는 기업으로 다시 돌아와야 한다. 코로나가 오기 전에 전 세계가 디플레이션을 걱정했다는 사실을 잊어서는 안 된다. 앞으로는 장기적인 저금리 사회에 살아야 하고, 이때는 조금이라도 성장하려고 노력하는 기업들만이 진정한 가치를 평가받을 것이기 때문이다. 부동산도 마찬가지이다. 입지와 상품성이 조금 떨어지더라도 몇 년간은 웬만하면 오를 것이다. 하지만 부채를 감당할 수 있는 시점까지 오르면 지역성과 상품성이 떨어지는 부동산은 조심해야 한다. 그때부터는 좋은 입지와 훌륭한 상품만 오를 가능성이 크다.

한국과 일본을 비교해서 예측하지 말자

한국의 자산가치가 오를 때마다 일부 전문가들은 항상 일본에 빗대어 조만간 한국도 일본처럼 버블이 붕괴되고 장기 저성장으로 갈 것이라고 한다. 하지만 이는 자산가격을 예측할 때 정말 위험한 추론이다. 예를 들어 설명해보겠다.

부모가 아이를 낳아 키우고 있다. 자식이 한 명이니 얼마나 귀하게 키우겠는가? 부모가 중학생이 된 아이에게 용돈을 주는데, 한 달에 무려 200만 원이라고 한다. 그런데 중학생 아이에게 사춘기가 왔고 어느 날부터 부모에게 반항하기 시작했다. 보다 못한 부모가 하루는 아이를 불러다 놓고 자꾸 반항하면 용돈을 10만 원으로 줄이겠다고 했다. 이 얘기를 들은 아이는 반성하기는커녕 오히려 더 크게 부모에게 대들었다. 이를 본 부모가 이성을 잃고 아이에게 망신을 주었다. 그것도 아이의 친구들과 이웃들이 보는 앞에서 말이다. 아이의 자존감이 바닥까지 내려갈 것이다. 필자는 아이가 일본이고, 부모가 미국이라는 생각이 든다. 일본은 그 당시에 동북아시아에서 최강의 국가라고 생각했을 것이다. 일본은 자신들보다 경제력이 못 미치는 한국과 중국이 보는 앞에서 미국과 플라자합의를 맺고서 크게 무너졌고, 그 모습을 이웃 국가에 보였다는 것에 심히 충격받았을 것이다. 그 충격에 일본은 지금까지도 일어나지 못하고 옛날의 명성도 찾지 못하고 있다.

IMF 외환위기는 이렇게 비유할 수 있다. 우리도 일본처럼 미국에 제대로 한 방 맞긴 했는데, 대신 아무도 보지 않는 한적한 곳에서 맞았다. 엄청 아프긴 했지만 아무도 보지 않았다는 것에 자존감까지 무너지지는 않았다. 툴툴 털고 멀쩡한 척하며 다시 일어섰다. 한국은 1년 반 만에 외환위기를 이겨냈고, 그 후 이전보다 더 큰 성장을 이뤄내고 있다. 그래도 당시 사업하던 기업체들은 충격이 엄청났다. 그래서 이후 한국의 대기업들은 부채비율을 30~40% 이내로 철저히 관리하고, 벌어들인 수익은 재투자하기보다 현금성 자산으로 쌓아두기 시작했다. 한마디로 우리나라 기업들도 지난 아픈 기억에 미래의 성장을 추구하기보다는 현재의 안정성을 추구해온 것이다. 그래서 코로나 이전에 지난 10여 년 동안 코스피가 오르지 못하고 박스권에서 머물렀다.

하지만 다행히 한국은 자존감은 지켜냈기에 아픈 기억을 서서히 지워나가면서 최근에 미래 산업에 도전하는 모습들을 자주 보이고 있다. 사실 미국도 일본을 혼내고 나서 많이 놀랐을 것이다. 교육 차원에서 잠시 혼냈던 것인데 일본이 30여 년 동안 일어나지 못하는 모습을 보고 자식을 훈육할 때는 이제 선을 지켜야겠다는 뼈저린 경험을 했을 것이다. 미국도 주변국을 금융으로 호되게 혼내기는 하지만, 다시 일어설 수 있는 선에서 혼내고 싶어 한다. 왜냐하면 호되게 혼냈을 때 의기소침해진 나라의 자산들을 미리 사두면 회복했을 때 큰 차익을 남길 수 있기 때문이다. 그런데 일본처럼 다시 일어서지 못한다면 미국도 큰돈을 벌 수는 없다.

정리하면 한국의 자산가치를 예측할 때 이제는 일본의 잃어버린 30년과 비교해서는 안 된다. 첫째, 한국은 IMF 외환위기 때 일본처럼 자존감까지는 무너지지 않았기에 아직은 성장에 대한 도전 정신이 있다. 둘째, 우리나라는 일본만큼 자산시장이 오르지 않아서 떨어질 폭도 작다. 셋째, 미국도 일본의 경험을 교훈 삼아 이제는 주변국이 영원히 하락세로 갈 정도의 정책을 펼치기는 쉽지 않다. 미국의 국익에 큰 도움이 되지 않기 때문이다. 그러니 한국을 일본과 비교하면서 자산이 급격하게 떨어진다거나 장기 저성장으로 갈 것이라고 함부로 예측하기는 어렵다.

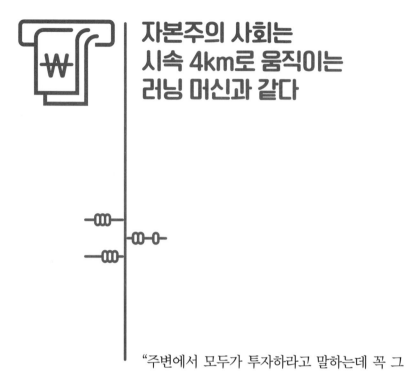

자본주의 사회는
시속 4km로 움직이는
러닝 머신과 같다

　　"주변에서 모두가 투자하라고 말하는데 꼭 그렇게 치열하게 살아야 합니까? 욕심 없이 현 상태를 유지하면서 살면 안 됩니까?" 많은 분이 이렇게 투자에 대한 피로감을 호소한다. 필자가 강의에서 많이 쓰는 표현이 있다. 우리가 사는 자본주의는 멈춰 있거나 정지된 땅이 아니고, 시속 4km로 움직이는 러닝 머신 위와 같다고 말이다. 러닝 머신을 시속 4km로 설정하고 뛰다가 중간에 힘들다고 멈추면 그대로 뒤로 나가떨어진다. 욕심이 없어도 최소한 시속 4km로 꾸준히 뛰어야 현 상태를 유지할 수 있다. 힘들다고 멈추면 한순간에 도태된다.

　　여러분도 한 번쯤 이런 생각을 해봤을 것이다. '열심히 산다고 하는

데 왜 내 삶은 항상 이 모양일까?' 사실 이 말에는 무서운 진실이 담겨 있다. 나름대로 열심히 살아도 마치 시속 4km로 움직이는 러닝 머신에서 같은 속도로 뛰는 것이나 마찬가지이다. 열심히 뛰었지만 우리는 한 발자국도 앞서 나가지 못하고 그 자리에 똑같이 서 있는 신기한 경험을 하게 된다. 애초에 우리의 삶이 나아지려면 남들이 뛰는 것보다 더 빨리 뛰어야 했다. 이것이 우리가 살고 있는 자본주의의 본질이다. 따라서 피로감이 있다고 현대사회에서 투자를 등한시한다면 현재의 삶을 유지하는 것이 아니라 삶을 후퇴시킬 것이다.

여기서 말하는 시속 4km는 물가상승률로 인한 화폐가치의 하락을 의미한다. 물론 통계적인 물가상승률은 매우 낮은 것으로 집계된다. 하지만 동네 마트에 가보면 1만 원으로 살 게 없다. 심지어 5만 원짜리를 들고 나가도 물건을 몇 개 사면 초과한다. 그러니 우리가 피부로 느끼는 실제 물가는 지표상의 물가와는 괴리가 있다. 체감되는 실질 물가는 최소한 시속 4km는 족히 될 것이다.

많은 분이 또 이런 고통을 호소한다. "예전에도 물가상승률이 있었는데 왜 이전보다 삶이 더 팍팍해지는 걸까요?" 예전에는 러닝 머신 속도가 시속 1km밖에 되지 않았다. 그래서 가끔 인생이 힘들면 잠깐 멈춰 서 쉬었다 가도 큰 문제는 없었다. 하지만 현대 한국 사회의 러닝 머신 속도는 시속 8km 정도는 되는 것 같다. 시속 8km에 맞춰 놓고 러닝 머신을 달려보았는가? 숨이 턱 끝까지 차오른다. 그런데 더 무서운 것은 여러분이 혼신의 힘을 다해 뛰어도 옆을 보면 한국 사람

모두가 같은 속도로 뛰고 있다는 사실이다. 그래서 열심히 살았다는 보람이 없다. 초인적인 속도로 시속 10km를 넘게 뛰어야 남들보다 조금 더 열심히 살았다고 느껴질 것이다. 표면적인 물가상승률은 분명 과거보다 낮아졌는데 왜 이렇게 한국의 러닝 머신 속도는 빨라졌을까?

이는 2008년 글로벌 금융위기와 2020년 코로나 위기로 엄청난 돈이 풀렸고, 그로 인해 화폐가치가 급락했기 때문이다. 따라서 하락한 화폐가치만큼 따라잡기 위해서는 최소한 시속 8km로 뛰어야 겨우 만회할 수 있는 것이다. 요즘 한국의 많은 중산층이 자본주의를 정확하게 이해하지 못하고 오판하는 모습이 눈에 들어온다. 실물경제가 이 모양인데 자산가치가 이렇게 오르는 것은 말이 안 된다고 하고, 동학개미 운동은 일시적으로 일어난 것이며, 부동산 상승세도 왜곡됐다고 생각하는 경향이 크다.

그런데 명심할 것이 있다. 자본주의를 러닝 머신에 비유하지 않았던가. 누군가 러닝 머신의 속도를 몰래 빠른 속도로 올려놓았다가 한 명이라도 그것을 알아차리면 다시 정상 속도로 낮추면 된다. 하지만 잠시 왜곡되어 빠르게 움직이는 러닝 머신에서 걸쳐 서 있어야지, 러닝 머신에서 이탈하면 나중에 원래 속도로 돌아와도 재기하기 쉽지 않다. 속도를 계속 부정하다 아예 안 뛰면 러닝 머신 바깥으로 밀려나 버린다. 그렇게 중산층에서도 이탈되는 것이다.

이 모든 것이 피곤하게 느껴진다면 앞에서도 언급했듯이 가장 쉬운 방법이 있다. 나보다 더 열심히 사는 기업들을 찾아내서 조정이 올 때마다 주식을 분할로 매수하는 것이다. 그러면 여러분이 매번 뛰지 않아도 좋은 기업들이 알아서 열심히 뛰어줄 것이다. 그리고 이때 꼭 분산투자를 해야 하는 이유는 우량주도 가끔은 잘못된 의사결정을 하기 때문이다. 그러니 한곳에 몰아서 투자하지 말고 유망한 업종의 선도기업에 분산투자하는 것이 중요하다. 정리하자면 우리는 각자의 속도대로 본업에 집중하면서 천천히 뛰면 된다. 그러다 요즘처럼 시장이 과열되면 거기에 맞춰서 빠르게 뛰어줄 회사들을 미리 찾아내서 분산과 분할로 매수해놓으면 된다.

세상에서 돈을 버는 게 가장 쉬웠던 사람들

"구 회계사, 한국에서는 돈 벌기가 너무 쉬운 것 같아." 하루는 필자의 고객 중 한 분인 자산가 어르신이 사무실에 찾아오셔서 이런 얘기를 했다. 돈을 벌기 쉬웠던 이유를 묻자 어르신이 대답했다.

"1997년도에 한국에 외환위기가 왔잖아. 그때 내 친구들은 모두 겁먹고 자산이란 자산은 다 팔고 현금화하더라고. 그런데 나는 반대로 삼성전자 주식을 사고, 부동산을 한 채 더 샀어. 그랬더니 1년 6개월 만에 부동산은 2배 오르고 주식은 5배 오르지 뭐야. 그래서 큰돈을 벌었으니 그만 벌어야겠다고 생각했는데, 2008년에 글로벌 금융위기가 오더라고. 친구들은 또 겁먹고 주식을 다 팔았어. 나는 주식이나 부동산을 헐값에 사 모았고. 그랬더니 또 2, 3배 올랐지. 은행수익률 20년 치를 한방에 벌었으니, 이제 진짜 그만 벌어야겠다고 생각했어. 그런데 아니나 다를까 코로나가 왔어. 2020년 3월에 코스피가 1,400p 대까지 떨어지는데, 나는 돈 벌라는 신호를 감지하고 우량한 자산 위주로 매입했거든. 그랬더니 또 2, 3배를 벌었네. 구 회계사 나 이제 걱정돼. 설마 내 인생에서 또 큰돈 벌 기회가 올까 봐."

어르신의 말씀에 속이 무척 쓰렸지만 이성을 찾고 곰곰이 생각해 봤다. 틀린 말이 하나도 없었다. 필자도 그 시기에 사회생활을 했으니 최소한 2번의 큰돈을 벌 기회가 있었던 것이었다. 결과적으로 그렇게까지 많이 벌지는 못했다. 왜냐하면 빤히 알면서도 그 어르신만큼 확신이 없었기 때문이다. 우리는 위기 당시에 자산가격이 오르는 논리를 공부하지 않고 오히려 돈 번 사람들을 시기, 질투하고 거품이 꼈다며 부정했다. 하지만 다행인 것은 자산가 할아버지의 말씀처럼 앞으로 우리에게 큰돈을 벌 기회가 몇 번은 남아 있다는 사실이다. 매번 '이번이 마지막 기회겠지.' 하고 조바심을 내지만 신기하게도 기회는 또 왔다. 자산가 어르신이 산 증인이다.

그러니 혹시 이번 주식과 부동산 상승장에 아쉽게도 편승하지 못한 분들은 이번 기회에 제대로 공부해보자. 자산시장을 관찰하면서 결국 어떤 것들이 자산이었고, 반대로 어떤 것들이 자산이 아니었는지를 기록해두어라. 그리고 자기만의 투자원칙을 만들어라. 그러면 다음 사이클에서는 반드시 큰돈을 벌게 될 것이다. 사이클이 있기는 하냐고? 자산가 어르신의 말씀에서 다음 기회가 있으리라고 확신했다.

저금리 수익률에서 더욱 중요해지는 근로 소득

요즘 다들 투자에 목매고 있다. 온 나라에 투자 광풍이 불수록 본질을 잊어서는 안 된다. 왜 현대사회에 투자 열풍이 불었냐면 엄청난 돈이 풀리고 금리가 낮아지면서 투자하지 않으면 자산가치를 유지할 수 없기 때문이다. 이때 저금리에 집중해야 한다. 다시 말해 저금리 시대에 자산이 아무리 많아도 기대되는 투자수익률이 높지 않은 저성장 시대라는 것이다. 예를 들어 10억 원의 현금을 은행에 넣어둔다면 과거에 5% 이자수익을 줄 때는 세전으로 매월 400만 원가량 들어왔고 노후 생활도 가능했다. 그러나 지금은 은행 이자수익률이 1%를 넘지 못한다. 1%의 저축수익률을 가정하면 매월 80만 원가량 들어온다. 실질물가는 이렇게 올랐는데 80만 원으로 노후에 어떻게 생활할 수 있겠는가?

여러분이 노후에 월 80만 원이라도 노동소득을 올릴 수 있다면 현재 10억 원의 현금자산을 가진 것과 마찬가지이다. 따라서 여러분은 반드시 오랫동안 일할 결심을 해야 한다. 강의에서 이렇게 말하면 2가지 반응이 즉각적으로 나온다. 하나는 "지금도 일하는 게 괴로운데 어떻게 90살까지 일하란 말인가요?" 필자의 고객들은 일을 안 해도 먹고살 수 있는 자산가들이 많다. 하지만 이들은 하나같이 말한다. 한창

일할 때는 절대 모르지만 일하는 것 자체가 큰 기쁨이라고 말이다. 주변에 은퇴한 지 꽤 된 분들에게 여쭤봐도 하나같이 그들과 같은 말을 할 것이다. 그러나 이런 반응도 있다.

"90살까지 일하고 싶어도 일할 데가 없다."고 말이다. 어느 정도 공감되는 사실이다. 그러니 미리미리 미래의 직업을 준비해야 한다. 전문직 종사자도 한국 사회에서 60세 이상이 되면 일하기 어렵다. 따라서 노후에 할 수 있는 제2의 직업을 미리 준비해야 한다. 생각해보면 젊을 때 첫 직장을 잡는 일도 무척 어려웠다. 요즘 신입사원들이 구직하기 위해 얼마나 노력하는지 아는가? 영어는 기본이고 면접 대비를 위해 경쟁사 재무제표에 대해 회계사만큼이나 공부한다. 또한 코딩, 기획, 마케팅 등 문과와 이과를 넘나들며 초인적인 역량을 보여준다. 최소한 이 정도 이상의 열정은 보여야 노후에 직업을 잡을 수 있을 것이다. 앞으로도 1% 저축수익률에서 크게 오를 일은 없어 보인다. 그러니 미래에도 계속해서 일할 수 있도록 제2의 직업을 준비하고 동시에 투자에 대한 공부를 열정적으로 해야 한다.

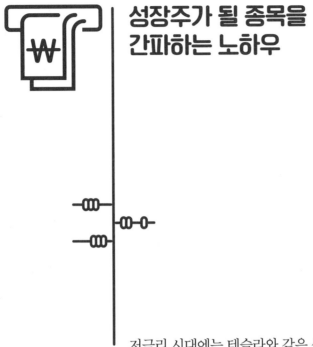

성장주가 될 종목을
간파하는 노하우

저금리 시대에는 테슬라와 같은 성장주가 오르게 되어 있다. 그런데 이러한 기업은 주가가 이미 천정부지로 올랐다. 물론 그중에서도 덜 오른 종목을 고르는 게 더 좋겠지만 조금이라도 오른 종목은 심리적으로 사들이기 망설여진다. 그런 분들을 위해 앞으로 성장주가 될 종목을 고르는 방법을 소개한다. 쉽게 주택에 비유해서 설명해보겠다.

우리가 가장 좋아하는 주택 유형은 아파트인데, 이미 너무 비싸다. 마치 주식으로 치면 이미 올라버린 성장주라고 할 수 있다. 이럴 때 주택에 대해 공부한 사람들은 빌라나 다세대 주택 매입을 검토한다. 왜냐하면 빌라와 단독주택이 노후화되면 이를 허물고 해당 부지에 아파트를 지을 수도 있기 때문이다. 문제는 노후화된 빌라들이 모여 아파트가 되기도 하지만, 다시 신축 빌라 건설로 이어지는 경우도 많아서 아파트가 될 만한 빌라를 잘 골라야 한다.

이를 주식으로 말하자면 향후 성장주가 될 줄 알고 투자했는데, 그 기업이 현실에 안주하고 원래 하던 것만 계속하는 올드한 기업이 되어버리는 것과 같다. 그러면 해당 기업은 주가가 오르지 않는 상태에 놓인다. 따라서 부동산 고수들이 향후 아파트로 재개발될 구축 빌라를 고르는 것처럼, 주식도 향후 성장주가 될 만한 기업을 고르는 역량을 길러야 한다.

주식으로 돌아와보자. 기업이 성장하려면 새로운 사업에 도전해야 한다. 자금이 없으면 신사업에 도전할 수가 없으니 절대적으로 자금이 필요하다. 그래서 현금성 자산이 많은 회사를 주목해야 한다. 이때 현금 보유액이 많다고 매년 과다한 배당을 하는 회사들은 주의해야 한다. 적정한 배당을 하는 회사를 말하는 것이 아니라 동종업계 대비 과다하게 배당하는 회사를 주의하라는 것이다. 가끔 이렇게 질문하는 분들이 있다. "삼성전자도 현금성 자산이 많은데 요즘 배당을 많이 하니까 성장주 리스트에서 빼야 하나요?" 삼성전자가 그동안 번 돈을 생각하면 배당을 많이 했다고 볼 수 없다. 삼성전자를 아주 오랫동안 갖고 있던 분들에게 배당으로 살림살이가 나아졌냐고 물어보면 알 수 있다.

현금성 자산이 많고 배당을 과다하게 한다는 것은 현 상태를 유지하겠다는 뜻이다. 주로 은행 업종에서 많이 나타난다. 그래서 은행주들이 저렴한데 주가가 잘 안 오르는 것이다(은행주가 안 좋다는 것이 아니다. 여기서는 앞으로 한 번 크게 폭발할 성장주를 찾고 있다는 점을 기억하자).

두 번째로 지금 당장 현금이 많지는 않더라도 마음만 먹으면 현금성 자산을 마련할 수 있는 회사를 주목해야 한다. 주로 부동산 등의 투자자산을 많이 가진 회사이다. 그런데 이러한 회사들이 왜 굵직한 투자자산에 투자했겠는가? 당분간 신사업이나 성장에 관심이 없기 때문이다. 현금성 자산을 많이 보유한 회사들은 돈을 놀리는 기회비용을 감수하더라도 언제든지 좋은 신사업이나 성장기업이 보이면 투자하려는 의지가 있다. 그런데 부동산이나 장기투자자산에 묶인 회사들은 이를 바로 현금화하고 싶어도 절대적인 시간이 필요하다. 이런 기업들 중에서 조만간 철들 기업을 잘 고르면 된다.

사람도 그렇지 않은가? 철이 빨리 드는 사람이 있고, 늦게 드는 사람이 있다. 철이 빨리 드는 기업은 이미 성장주가 되어 주가가 올라 있을 테고, 능력(자산)은 있는데 아직 철이 안 든 기업은 나중에 철만 들면 성장주가 되는 것이다. 그런데 주의할 것은 사람도 영원히 철이 안 드는 사람이 있는 것처럼 기업도 영원히 철이 안 드는 기업은 피해야 한다. 즉, 애초에 성장하는 것을 좋아하지도 않고 현실에 안주하려는 기업들을 말한다. 그래도 성장에 관심이 있는 기업들은 늦게라도 갖고 있던 부동산이나 투자자산을 조금씩 팔아서 현금화한다. 앞에서 필자가 현대차에 대해 최고층 빌딩까지는 고집을 부리지 말라고 조언한 이유와 같다. 삼성동 부지에 전 계열사 직원이 모이면 영업 시너지를 낼 테지만 굳이 엄청난 건축비로 현금을 묶어두기보다 그 돈을 전기차와 자율주행차 개발에 써야 한다는 것이다.

앞으로 늦게 철들 기업을 하나 예로 들자면 조심스럽게 롯데그룹을 꼽아본다. 우리나라에서 부동산 투자를 잘해서 알짜배기 부동산을 다수 보유하고 있는 기업이다. 물론 롯데그룹도 각각의 신사업에 상당한 공을 들이고 있지만 오늘날 그 정도로 해서는 주도권을 잡기가 어렵다. 아주 느리게 롯데그룹이 성장주로서 철들 것이라 믿는다. 이제부터 롯데그룹의 각사에 대해 천천히 검토해볼 필요가 있다. 하지만 철드는 데 꽤 시간이 걸릴 것으로 보이니 길게 보고 분할매수로 대응하는 것이 좋겠다. 필자가 이렇게 미래의 성장주 후보군을 예측할 수 있는 것은 재무상태표에서 정보를 얻었기 때문이다. 이렇듯 회계를 통해 많은 정보를 얻을 수 있다.

이번에는 손익계산서 측면에서 미래의 성장주를 살펴보자. 손익계산서는 크게 매출과 그에 따른 비용(지출)으로 구성된다. 매출에서 비용을 빼면 이익이다. 많은 회사가 눈앞의 이익에만 연연한다. 물론 회사는 적자가 나면 안 되지만, 먹고살 정도만 되면 눈앞의 이익을 조금 포기하더라도 미래에 성장성 있는 사업에 씨앗을 뿌려놓아야 한다. 개인으로 비유하자면 하루하루 돈 버는 것도 중요하지만, 급변하는 세상에 적응하기 위해 자기계발의 시간을 마련해야 하는 것과 같다. 따라서 이익이 조금 줄더라도 매출액이 상승하는 회사를 찾아야 한다.

여기서도 세부 내역을 잘 살펴야 한다. 즉, 매출액이 증가하는 사업 부분이 누가 봐도 미래의 산업과 맞는 것이어야 하고, 또 이익이 줄어드는 이유가 미래 산업에 대한 투자로 인한 것이어야 한다. 이러한 회사는 언젠가 한 번쯤 두각을 보이게 된다. 주의할 것은 매출은 지속적으로 발생해야 한다는 것이다. 당장 매출이 안 나면 오직 자금조달만으로 회사가 버텨야 하는데, 우리나라의 자본시장이 그러한 기업을 끝까지 기다려줄 수 있는 상황이 아니다. 최소한 한국에서는 기업이 매출을 발생시켜야 한다. 성장주가 될 종목을 정리하면 다음과 같다.

1. 현금성 자산이 많은 회사를 주목하라.
2. 벌어들인 이익을 배당으로만 써서는 안 된다. 가혹하다 싶을 정도로 유보하고 있어야 한다.
3. 현금 대안으로 현금이 될 수 있는 장기투자자산을 많이 가진 회사에 주목하라.
4. 이익이 조금 줄어도 매출 성장세가 있는 회사가 예비 성장주이다.

마치 국민연금처럼 고급화된 투자 훈련을 하자

국민연금과 같은 기관투자자들은 어떻게 주식 투자를 할까? 매 순간 투자수익률을 체크하면서 주식을 샀다 팔았다 하지는 않을 것이다. 국민연금은 하루하루 수익률에 연연하지 않는다. 정기적으로 운용사의 수익률을 검토하는 시간을 마련하고 함께 토의해서 교체할 종목은 교체하고, 계속 가지고 갈 종목은 가지고 갈 것이다. 이처럼 우리도 국민연금이 투자하듯이 프로처럼 내 투자자산을 관리하고 운용해야 한다. 혼자서는 힘드니까 친구들이나 가족들과 같이 해보기를 추천한다. 주식을 생업으로 하는 사람들이 아니라면 반드시 분산투자하고 분할매수해야 한다.

그런데 문제는 분산투자를 하려면 많은 업종에 대해 공부해야 한다는 단점이 있다. 설마 분산투자를 5대 건설사에 나눠서 하지는 않을 것이다. 그러니 여러 업종에 분산투자해야 한다. 그런데 문제는 그 많은 업종을 공부하기에는 본업이 있으니 시간도 부족하고 비효율적이다. 따라서 각자 좋아하는 업종을 하나씩 선택하고 4, 5개 업종으로 친구들과 나누어서 스터디하는 것이다. 그래서 한 달에 한 번씩 정기적으로 프레젠테이션을 통해 해당 업종 이슈에 대해 발표해보는 것도 좋은 방법이다. 그리고 각 섹터를 맡은 친구들이 다른 섹터 담당자에게 질문하는 것이다. 섹터 담당자별로 수익률도 비교 평가할 수 있으니 시너지가 난다.

우리는 국민연금처럼 수수료를 주고 운용사를 고용할 만큼의 자금력이 없기 때문에 스스로 애널리스트가 되고 운용사도 되어야 한다. 업종 안에서 상승과 하락의 사이클을 발견해서 친구들과 지식을 공유하고 투자 비중을 조절하는 것이다. 혼자서 20여 개의 업종에 분산 투자하는 것도 의미 있지만, 이 경우 돈을 벌어도 왜 벌었는지 알기 힘들고 학습효과도 잘 생기지 않는다. 또한 여러 업종에 대한 이해도가 높아지면 직업의 변화에도 유연하게 대처할 수 있을 것이다. 구체적으로 정리해보면 각자 맡은 업종이 한국 산업지형도에서 어느 위치에 있는지 확인해야 한다. 도입기~성장기~성숙기~쇠퇴기를 지나 다시 도약할 수 있는 업종인지를 파악해야 한다.

현재는 성장기 업종에 투자하는 것이 유리하지만, 주가가 너무 비쌀 테니 앞으로 성장주가 될 도입기 업종을 미리 선점하는 것도 좋다. 또한 분산투자 차원에서 쇠퇴기에 있는 업종 중에서 앞으로 다시 새로운 성장 사업의 도입기로 들어갈 수 있는 기업들을 골라 길게 보고 분산투자하는 전략도 필요하다. 필자가 성숙기의 업종을 언급하지 않은 이유는 아무래도 성숙기를 맞이했으므로 주가에는 상당 부분 반영되어 있을 가능성이 높고, 회사도 현 상태가 좋으니 방심하고 당분간 안주할 가능성이 높기 때문이다.

현대차를 비롯하여 상당 기간(2014년~2019년) 주가가 하락하거나 횡보한 기업들은 한때 엄청나게 각광받으며 성숙기를 맞이했던 회사들이었다. 아예 쇠퇴기로 접어들면 기업들이 위기감을 느껴 어떤 방식으로든 다시 신성장으로 진입하려 할 것이다. 현대차도 내연기관의 완성차는 성숙기를 넘어 쇠퇴기라는 사실을 깨닫고 새로운 시대에 맞게 투자 발표를 했다. 다만 쇠퇴기 기업에 투자할 때는 전제 조건이 있다. 최소한 기업 자체의 현금 보유액이나 팔아서 현금화할 수 있는 실물자산을 갖추고 있어야 한다. 왜냐하면 기업이 신성장을 찾아 도입기에 도전하고 싶어도 자금 동원이 안 되면 불가능하기 때문이다.

그래서 개별 기업이 아닌 업종으로 도입기~성장기~성숙기~쇠퇴기를 구분하라고 한 것이다. 만약 업종은 전체적으로 좋은데 개별적으로 그 기업만 쇠퇴기라면 무서운 상황이 펼쳐질 수도 있다. 그리고 각자 맡은 업종의 상승과 하락의 과거 주기를 공부해야 한다. 그 주기가 계절별로 달라지는 업종도 있고, 몇 년에 한 번씩 빅사이클로 바뀌는 업종도 있다. 업종 자체의 상승과 하락의 주기를 파악하고 투자하면 여러분이 얼마나 기다려야 하는지 미리 가늠할 수 있으므로 조바심도 덜 나고 국민연금처럼 느긋한 투자를 할 수 있다.

업종의 현재 위치와 주기를 파악하고 나면 해당 업종에서 가장 성장할 수 있는 주도주를 찾아 분석한다. 잊어버리고 있어도 언젠가는 오를 기업을 고르려면 결국은 외국인이나 주식을 하지 않는 개인들도 한 번쯤은 들어봤을 기업이어야 한다. 왜냐하면 외국인 투자자도 결국은 자기 돈만 아니라 수많은 외국 투자자를 설득해서 돈을 끌어모아 투자해야 하는데 이름도 못 들어본 기업으로 설득이 되겠는가?

게다가 주가를 최고치로 끌어올리려면 그동안 주식을 안 했던 수요까지도 끌어와야 한다. 그러니 아직 주식 투자를 한 번도 안 했던 개인이라면 특히나 이름은 한 번쯤 들어본 기업에 투자해야 한다.

그러고 나서 재무제표를 보자. 앞에서 언급한 대로 현재 성장 트렌드에 맞는 유형자산을 갖추고 있든지, 아니면 자산을 언제든지 살 수 있는 현금을 지니고 있어야 한다. 이마저도 아니라면 시간이 좀 걸려도 마음만 먹으면 팔아서 현금화할 수 있는 자산이 있어야 한다. 그리고 이익 성장까지는 바라지 않더라도 매출 성장세가 있는 회사인지를 파악해야 한다.

마지막으로 멤버 중 한 명은 거시경제를 공부할 친구를 지정해야 한다. 팁을 주자면 거시경제를 맡을 친구는 기본적으로 긍정적인 사람이 좋다. 투자 세계에서 폭락을 걱정하고 거품론을 추종하는 친구들에게는 차라리 개별 종목을 맡겨라. 거시경제를 맡는 친구가 긍정적인 사람이라면, 기본적으로 자본주의는 우상향이라는 믿음이 있기 때문이다. 그래야 2020년 3월처럼 코스피가 1,400p까지 순간적으로 내려갔을 때 주식을 전부 매도하라는 오판을 내리지 않고, 가진 현금으로 우량한 종목들을 적극적으로 사라고 코칭할 수 있다.

2020년 3월에 코로나 팬데믹으로 주가가 크게 떨어졌을 때 주식을 사지 못한 사람보다 그 당시에 주식을 다 매도해버린 사람들이 상대적 박탈감이 더 컸다는 교훈을 잊어서는 안 된다. 결국 국민연금처럼 여러분 스스로 투자기구를 만들어야 한다. 막연한 분산투자가 아니라 각 업종과 거시경제까지 파악한 상태에서 중장기적인 주식 포트폴리오를 구성할 수 있어야 한다. 그러면 여러분은 본업을 이어가면서 투자 수익이라는 두 마리 토끼를 모두 잡을 수 있을 것이다. 효율적인 투자 공부법에 대해 정리하면 다음과 같다.

1. 친구들과 국민연금처럼 투자기구를 만들어라.
2. 각자 섹터(업종)를 정해 애널리스트처럼 전담하게 해라.
3. 각 업종이 한국 산업지형도에서 어떤 위치에 있는지 파악하고, 도입기~성장기~성숙기~쇠퇴기 업종에 분산투자하라.
4. 섹터별로 상승 주기와 하락 주기의 사이클을 분석하라.
5. 투자 업종을 결정했으면 업종 주도주를 찾아라.
6. 개별 기업의 재무상태표를 통해 자금력이 있는지 살피고, 손익계산서를 통해 실제 매출로 이어질 수 있는지를 확인하라.
7. 마지막으로 자본주의를 정확하게 이해하고 항공모함의 선장처럼 일희일비하지 않는 긍정적인 친구에게 거시경제 파트를 맡겨라.

하루라도 젊은 나이에 이렇게 훈련한다면, 노후에는 앉아서 꾸준히 주식으로 수익을 창출할 수 있는 사람이 될 것이다. 우리는 지금 당장 먹고살 것이 없어서 재테크하는 것이 아니라, 노후에 돈이 없어 삶이 피폐해질까 봐 대비하는 것이다. 그러니 지금 당장 몇 푼의 수익률에 연연하지 마라. 평생 주식으로 돈을 벌 수 있는 국민연금과 같은 투자의 틀을 만들어라.

돈을 벌려면 위험을 매번 피할 순 없다: 주식 리스크 관리법

돈을 벌려면 리스크가 따른다는 것을 인정해야 한다. 그리고 그 위험을 매번 피할 수는 없다. 우리의 부모님 세대는 리스크는 반드시 피해야 하는 것으로 배웠다. 안전하기만을 바란다면 수익률 1% 내외의 저축 상품에 가입해야 한다. 만약 그것보다 조금이라도 높은 수익률을 원한다면 반드시 리스크가 따른다는 것을 인정해야 한다. 그러니 지금부터라도 리스크가 과연 무엇이고, 어떻게 관리할 수 있는지에 대해 공부해야 한다.

필자는 개인적으로 DLS·DLF와 같은 상품을 좋아하지 않는다. 그 이유는 리스크와 리턴(수익)이 균형을 이루지 않기 때문이다. 투자상품은 딱 2가지이다. 하이 리스크라면 하이 리턴을 기대할 수 있어야 하는 투자상품과 로우 리턴이면 로우 리스크만 부담해도 되는 상품이다. 필자가 DLS·DLF와 같은 투자상품을 좋아하지 않는 이유는 일정 만기까지 주가나 금리가 일정 범위 안에서 유지되면 확정수익률 5%를 주면서, 낮은 확률이라고 해도 범위를 넘어서면 원금을 상당 부분 잃을 수 있는 상품이기 때문이다. 소위 중간 리스크에 중간 리턴이라고 표현하는데, 이런 상품은 하이 리스크 로우 리턴에 가까운 상품이다. 리스크와 리턴이 균형을 이루지 못하면 언젠가는 사고가 나게 되어 있다. 그러니 낮은 수익에 만족하지 못 하겠다면 반드시 리스크를 감수해야 하고, 그 리스크를 관리하기 위해 충분히 공부하고 노력해야 할 것이다.

주식에 대한 리스크는 크게 2가지이다. '시간을 인내해야 하는 리스크'와 '등락의 변동성을 이겨내야 하는 리스크'이다. 2가지 모두 관리만 잘하면 반드시 돈을 벌 수 있다. 첫째, 시간을 인내해야 하는 리스크는 평상시 급등락이 없을 때 지루해하지 말고 좋은 기업을 발굴함으로써 해결할 수 있다. 애초에 이렇게 기다리는 시간이 주식의 필연적인 위험이라는 것을 알고 있다면 조바심을 내거나 빈번하게 매매하는 실수를 하지 않을 것이다. 인내하는 시간 자체가 주식의 위험이라는 것을 알고 있는 현명한 투자자라면 순간적으로 지루하다고 의미 없이 매도와 매수를 해버리는 실수를 줄일 수 있다는 뜻이다. 따라서 우리는 시간에 대한 인내를 리스크로 인정했으니 편안한 마음으로 즐기면 된다. 그리고 인내하는 시간에 오히려 본업에 집중하고 좋은 종목을 발굴하면 된다.

둘째, 등락의 변동성에 대한 리스크는 매매기술을 컨트롤하면 해결할 수 있다. 변동성이 큰 종목은 가격이 저렴할 때 과감하게 매입하고 가격이 급등할 때 매도하는 전략을 취하면 된다. 어떻게 이렇게 쉽게 얘기하냐고? 사실 욕심이 주식을 어렵게 만든다. 주식에 등락의 위험이 있다는 것을 미리 인지한 사람은 등락을 무서워하는 것이 아니라 오히려 매수의 기회로 삼는다. 주의할 점은 개별 기업의 이슈로 등락이 심해지는 시점에는 매수를 주의해야 한다는 것이다. 해당 회사가 회복이 불가할 수 있기 때문이다. 거시경제 충격 또는 업종 전체의 슈퍼사이클로 주가가 급락할 때 매수하는 것이 유리하다.

강의에서 이런 질문을 하는 분이 있다. "10년에 한 번 오는 위기를 기다리라고요? 그렇게 해서 언제 돈 벌어요?"라고 말이다. 앞서 돈 버는 게 가장 쉬웠던 자산가 어르신을 기억하는가? 그 분은 80세 인생에서 딱 3번 투자했는데 강남의 빌딩과 수백억 원의 금융자산을 가지고 있다. 주식은 애초에 급등락의 위험이 있다는 것을 인지하고 기다리다 보면 2020년 3월처럼 코스피가 급락했을 때 큰돈을 투자해 매수해도 된다는 확신이 들 것이다.

결국 주식시장에서의 위험을 종합하면 급등락이 있고, 이것을 시간에 대한 인내로 해결하면 된다. 평상시 지루한 공방이 일어나는 기간에는 거시경제와 개별 종목을 공부하고 급등락의 사이클이 왔을 때는 주저하지 않고 이전에 발굴했던 좋은 종목에 투자한다면 여러분은 주식시장에서 승리할 수밖에 없다. 그러니 지금부터 매일 주식창을 보는 대신 운동을 하길 권한다. 왜냐하면 건강해야 오랫동안 투자할 수 있고, 슈퍼사이클을 만날 기회도 많아지기 때문이다. 결국 시간이 많고 인내할 줄 아는 사람들이 주식시장에서 승리한다.

멀리 내다보고 크게 놀자

　필자는 흙수저였다. 결혼식 축의금을 부모님께 모두 드리고 무보증 월세로 신혼을 시작할 만큼 형편이 어려웠다. 그 당시 집주인이 이런 말을 했다. 명색이 회계사인데 진짜 보증금 1,000만 원도 낼 돈이 없느냐고 말이다. 필자는 편도 2시간이 걸리는 출퇴근길을 7년간 다녔다. 왕복으로 매일 4시간을 길에서 보낸 것이다. 당시 회계사의 삶을 생각한다면 충격적인 스케줄이다. 바쁜 시즌에는 매일 밤 12시까지 야근하고 막차에 올라탔다. 집에 가서 샤워하고 잠깐 자고 나서 새벽 5시 30분에 일어나야 출근 시간에 맞출 수 있었다.

　만약 지금까지도 경제적으로 동정받아야 했다면 이 책을 쓸 자격이 없었을 것이다. 무일푼에서 시작해 사업과 주식, 부동산 투자로 지금에 이르렀지만 그렇다고 자식에게 크게 물려줄 유산은 없다. 대신에 나와 자식을 위해 수년 전부터 '투자일기'를 쓰고 있다.

투자일기를 처음 쓰기 시작한 것은 성인이 되고 의사결정을 해야 할 때마다 괴로움을 느꼈기 때문이다. 자산가 할아버지를 곁에 둔 사람들은 결정적인 순간에 그들에게 물어보면 된다. "할아버지, 지금 테슬라 주식을 사도 될까요?", "할머니, 신혼 때는 영혼까지 끌어모아서라도 집을 사는 게 좋을까요? 아니면 전세로 시작해야 하나요?" 이때마다 자산가 할아버지는 투자의 경험을 바탕으로 자신 있게 조언해준다. 여기서 착안하여 자산가 할아버지를 대신해줄 투자일기를 쓰게 된 것이다. 내 자식이 크면 분명히 나와 같은 고민을 할 테니 말이다. 주식을 지금 사도 될지, 미래의 주식시장을 예측한 것이 옳은지에 대해서 말이다. 그때마다 필자의 고민이 적힌 글을 읽으면서 부모님의 예측과 판단이 아이의 의사결정에 도움이 되길 바랐다.

여러분도 꼭 투자일기를 써보길 바란다. 자식이 없다면 여러분을 위해서라도 써야 한다. 기업을 공부하고 리스크를 관리하기에 매우 좋은 방법이다. 예를 들어 이번 사이클에서는 종잣돈이 없어 상승세에 편승하지 못했지만, 가상으로 한 종목에 투자했다고 생각하고 가격 추이를 지켜보는 것이다. 가상으로 매수와 매도를 기록하고, 왜 오를 것이라고 예측했는지 논리적인 근거를 함께 써야 한다. 사람은 망각의 동물이라서 기록해두지 않으면 금방 잊어버린다. 그리고 같은 실수를 반복하게 된다. 돈을 잃지 않으려면 투자일기는 필수이다.

아이에게 종잣돈을 만들어주고 주식을 선물하라

투자해서 돈을 제대로 벌려면 일정 규모의 종잣돈이 필요하다. 어느 정도 시드머니가 있어야 유의미한 자산 축적의 효과가 나기 때문이다. 아이들에게 종잣돈을 만들어주는 가장 좋은 방법을 소개한다. 절세 효과를 노려 주식을 증여 수단으로 택하는 것이다. 미성년 자녀에게 10년 동안 2,000만 원어치 주식을 증여하면 세금을 내지 않아도 된다.

아이가 태어나면 가장 먼저 하는 일이 무엇인가? 출생신고를 한다. 태어나자마자 1세가 된 아이에게 2,000만 원어치 주식을 사줄 수 있다. 이 돈을 가지고 우리 아이가 성인이 되었을 때도 살아남을 업종과 기업에 주식 투자를 하는 것이다. 단, 세금을 안 내더라도 자녀의 이름으로 주식을 사면 세무서에 증여 신고를 해야 한다. 신고를 제대로 안 하면 나중에 수익까지 합쳐 세금을 낼 수도 있다.

11세가 된 아이에게 2,000만 원을 또 증여할 수 있다. 증여세는 10년 단위로 리셋되므로 11세에 2,000만 원까지 증여세를 안 낸다. 이제 종잣돈이 4,000만 원이 되었을 것이다. 오히려 종잣돈이 더 늘었을 것이다. 왜냐하면 우량한 기업에 주식을 투자해놨으니 주가가 올랐기 때문이다. 그리고 또 10년이 지나 아이가 21세가 되면 성인이 된 기념으로 축하파티를 해주고 5,000만 원을 증여한다. 성인부터는 5,000만 원까지 증여세를 안 낸다. 합하면 원금만 9,000만 원이고, 좋은 기업에 투자해놓았을 테니 큰 수익도 났을 것이다. 이 돈으로 10여 년을 더 투자하면 자녀가 사회생활을 본격적으로 시작하는 30대에 이미 1억 5,000만~2억 원 정도의 종잣돈이 아이 앞으로 마련되어 있을 것이다.

이렇게 10년에 한 번씩 아이에게 좋은 기업의 주식을 사줄 것을 추천한다. 아이와 대화가 될 정도라면 아이의 의견을 물어보는 것도 좋다. 어느 회사에 투자했으면 하는지, 왜 그 회사가 잘 될 것 같은지 대화하다 보면 자연스럽게 실전 경제 교육이 된다. 요즘 아이들은 엔터테인먼트 업종 또는 게임 업종에 관심이 많다. 이 종목은 소액만 사주도록 하자. 아이들이 좋아하는 업종은 트렌디하지만 소속 연예인이나 출시 게임에 따라 등락이 커서 많은 돈을 한 번에 넣기에는 리스크가 있다. 그래도 아이들이 원하는 업종을 아예 안 사줄 수는 없지 않은가? 대신에 나머지 금액은 투자 공부를 성실히 한 여러분이 봤을 때 미래에도 잘나갈 업종에 분산투자하는 것이 좋다.

아이와 함께 띄엄띄엄, 정기적으로 수익률을 체크해보자. 아빠나 엄마가 고른 기업보다 아이가 고른 기업이 더 좋은 수익률을 보이면 아이는 투자에 더 큰 흥미를 보일 것이고, 용돈을 모아서 좋은 종목을 추가로 사겠다고 얘기할 수도 있다. 반대로 아이들이 고른 기업의 투자 수익률이 작으면 아이들은 나름대로 이유를 고민할 것이다. 단순히 종잣돈을 만들어주는 것뿐만 아니라, 어려서부터 투자 교육을 조금씩 해두면 험난한 자본주의 사회를 살아가는 데 큰 도움이 될 것이다.

PART 3

{ 실전 }

제대로 읽으면 돈 버는 기업이 보인다!

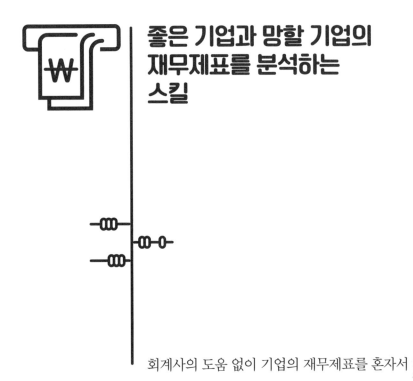

좋은 기업과 망할 기업의 재무제표를 분석하는 스킬

회계사의 도움 없이 기업의 재무제표를 혼자서 척척 분석할 수 있는 유용한 지표가 있다. 그것은 바로 재무비율이라는 것이다. 4가지 재무비율만 미리 체크해도 주식 투자에 큰 도움이 된다. 첫 번째로 봐야 할 지표는 '안정성 비율'이다. 아무리 이름난 회사라고 해도 안전해야 한다. 1997년도 외환위기 때 천하의 대우그룹도 부채와 현금유동성 등 안정성 지표를 관리하지 못해 무너졌다. 그러면 안전하기만 하면 좋은 회사인가? 아니다.

회사는 뭐니 뭐니 해도 돈을 잘 벌어야 한다. 따라서 두 번째로 살펴볼 지표는 '수익성 지표'이다. 그렇다면 지금만 돈을 잘 벌면 되는가? 기업은 미래에도 꾸준히 잘 벌어야 한다. 그렇기에 세 번째로 살

안정성 비율	기업의 장·단기부채 지급 능력을 파악
	유동비율, 당좌비율, 부채비율, 차입금의존도, 이자보상비율
수익성 비율	기업의 자산 이용의 효율성 및 이익 창출 능력의 평가
	매출총이익률, 영업이익률, 당기순이익률, ROA/ROE
성장성 비율	기업의 규모 및 수익 창출 능력의 추세 검토
	총자산증가율, 매출액증가율, 영업이익증가율, 당기순이익증가율
활동성 비율	기업의 자산 이용의 효율성 측정
	총자산회전율, 매출채권회전율, 재고자산회전율, 매입채무회전율

펴볼 지표는 앞으로 얼마나 발전할 것인지를 나타내는 '성장성 지표' 이다. 여기서 질문하자면 우리나라에 약 2,400여 개의 상장사가 있다. 그중에 안정성, 수익성, 성장성을 모두 갖춘 회사가 몇 개나 있을까?

안정성, 수익성, 성장성을 모두 갖춘 회사

자신 있게 얘기할 수 있는 기업이 삼성전자이다. 삼성전자는 안정 성에서 거의 최고로, 현금성 자산만 약 100조 원을 보유하고 있다. 수 익성은 어떠한가? 매년 영업이익으로 약 30~50조 원을 벌어들이는 어마어마한 회사이다. 이렇게 안전하고 수익성이 좋으니 안주할 만 도 한데, 삼성전자는 백색가전부터 시작해서 반도체, 스마트폰, 바이 오산업까지 끊임없이 성장해왔다.

네 번째로 조금 더 욕심내면 '활동성 지표'까지 체크하면 좋겠다. 활동성 비율은 자산이 얼마나 효율적으로 사용되는지를 보여준다. 예를 들어 매출액이 100억인 2개의 회사 A, B가 있다고 하자. 그런데 A사는 총자산이 100억 원이고, B사는 총자산이 1,000억 원이다. A사는 자산 1원당 1원의 매출을 올리고, B사는 자산 10원당 1원의 매출을 올리는 셈이다. 총자산회전율이 높으면 자산이 효율적으로 이용되고 있다는 뜻이고, 낮으면 비효율적인 투자를 하고 있다는 것을 의미한다. 천하의 삼성전자도 활동성 비율까지 체크한다면 좋다고 말할 수 있는지에 대해서는 의문이다. 이렇게 4개의 재무비율만 잘 활용해도 돈을 벌 기업과 그렇지 않은 기업이 보일 것이다. 페이지를 넘겨 기업의 재무제표를 보면서 실전에서 기업을 분석해보자.

표 8 자산효율성 분석

	A사	B사
매출액	100억	100억
총자산	100억	1,000억
총자산회전율	1%	0.1%
자산효율성	1원당 매출 1원	10원당 매출 1원

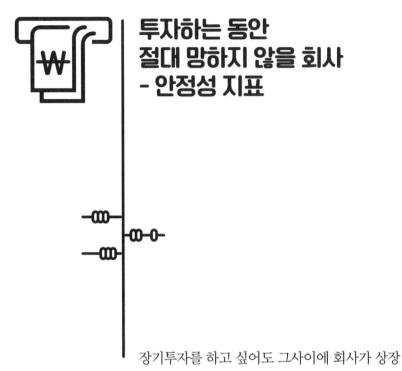

투자하는 동안
절대 망하지 않을 회사
- 안정성 지표

　　　　　장기투자를 하고 싶어도 그사이에 회사가 상장
폐지되면 어쩌겠는가? 최소한 여러분이 투자하는 동안에는 회사가
절대 망해서는 안 된다. 그렇다면 투자하기 전에 회사가 망하지 않으
리라는 것을 어떻게 알 수 있을까? 안정성 지표를 체크하면 된다. 참
고로 안정성 지표에는 회사가 가까운 미래에 망할 것인지를 단기적
으로 살펴보는 유동비율, 당좌비율, 이자보상비율이 있고, 장기적으
로 회사에 부도 위험이 있는지를 알려주는 부채비율, 차입금의존도
라는 지표가 있다.

잘나가는 기업이 곧 부도날 회사로 보인다고?

아래와 같은 재무상태표를 가진 기업이 있다면 여러분은 투자하겠는가? 필자라면 이런 회사에는 투자하기가 꺼려진다. 회사명도 없고, 매출액도 적혀 있지 않은데 무엇을 보고 투자 여부를 결정했을까? 이유는 간단하다. 유동부채가 유동자산보다 많기 때문이다. 유동자산과 유동부채가 뭐길래 회사가 위험하다는 것을 알 수 있을까?

회사는 자산을 2가지로 나눈다. 1년 이내에 현금화가 가능한 '유동자산'과 1년 이후에 현금화가 가능한 '비유동자산'이다. 부채도 마찬가지이다. 1년 이내에 갚아야 하는 급한 부채인 '유동부채'와 1년 이후에 천천히 갚아도 되는 '비유동부채'로 구분한다. 만약 1년 이내에 갚아야 하는 유동부채가 100억인데, 1년 이내에 현금화할 수 있는 유

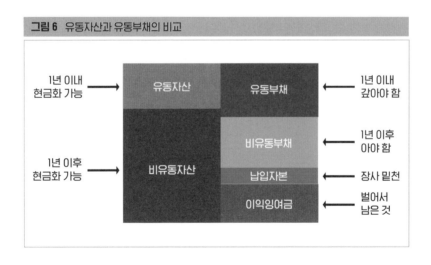

그림 6 유동자산과 유동부채의 비교

동자산이 70억이라면 1년 이내에 부도날 위험이 도사리고 있는 회사이다. 여러분이 투자하고 있는 회사의 재무제표를 한번 살펴보자. 어쩌면 이러한 상황에 놓인 회사일 수도 있다.

당장 현금화할 수 있는 자산 　　　$<$　　　 당장 갚아야 하는 부채
70억 　　　부도 위험　　　 100억

　이렇게 유동자산과 유동부채를 비교해서 단기적인 안정성 위험을 보여주는 지표가 유동비율이다. 유동비율을 계산하는 방법은 다음과 같다. 유동비율이 100% 미만으로 내려가면 유동성을 꼭 체크해야 한다.

$$유동비율(\%) = \frac{유동자산}{유동부채} \times 100$$

　표9는 웅진에너지의 재무상태표이다. 이 회사는 2018년 회계법인으로부터 "유동부채가 유동자산보다 122,639백만 원만큼 초과하고 있습니다. 이러한 상황은 회사의 계속기업으로의 존속능력에 대하여 유의적인 의문을 초래합니다."라는 감사 의견 거절을 받으면서 상장폐지됐다. 유동비율을 계산해보니 약 30%밖에 안 된다. 당장 갚아야 하는 부채를 감당할 수 있는 현금화 가능 자산이 30%밖에 안 된다는 뜻이다. 그러니 회사가 버틸 수 없었다. 만약 여러분이 이 회사에 주식 투자를 했다면 소중한 돈을 다 날릴 뻔한 것이다. 그만큼 반드시

표 9 웅진에너지 유동비율 [단위:원]

	제13기	제12기
유동자산	53,843,155,161	108,905,636,766
유동부채	176,482,061,926	124,881,823,098

출처: DART, 웅진에너지 13기 감사보고서

표 10 신세계 유동비율 [단위:원]

	제64기 3분기말	제63기말
유동자산	397,391,450,562	401,089,345,341
유동부채	1,937,534,690,904	1,433,868,253,061

출처: DART, 신세계 64기 3분기보고서

표 11 신세계 부채 항목 [단위:원]

부　　　　채				
Ⅰ. 유 동 부 채			1,937,534,690,904		1,433,868,253,061
매입채무및기타채무	17,37,38	276,507,921,720		337,431,686,709	
상품권	28	559,371,412,260		454,078,963,989	
단기차입금	19,37,39	669,924,565,183		119,995,513,295	
당기법인세부채		-		32,667,580,972	
리스부채	22,37,38,39	53,318,167,481		64,337,476,426	
기타금융부채	21,37,38	48,117,910,428		52,571,728,371	
기타유동부채	20,24,38,41	330,294,713,832		372,785,303,299	

출처: DART, 신세계 64기 3분기보고서

체크해야 할 지표가 유동비율이다.

　그렇다면 유동비율이 100% 미만이면 무조건 위험한 회사일까? 그렇지만은 않고 업종마다 다르다. 표10에서 신세계의 유동비율을 계산하면 약 20%이다. 그런데 신세계가 유동성으로 위험하다는 말을 들어본 적 있는가? 아닐 것이다. 1년 이내에 갚아야 하는 유동부채가 당장 현금화할 수 있는 유동자산보다 월등하게 큰데, 왜 신세계는 망할 기업이라고 보지 않는 것일까? 유통서비스업은 돈이 워낙 빠르게 도는 업종이기 때문이다. 마트에서 물건을 팔면 바로 현금이 들어오

표 12 롯데쇼핑 유동비율 (단위:원)

	제51(당)기	제50(전)기
유동자산	3,715,374,395,889	3,184,070,136,909
유동부채	5,332,915,517,233	5,507,224,680,617

출처: DART, 롯데쇼핑 51기 감사보고서

표 13 롯데쇼핑 부채 항목 (단위:1,000 원)

구 분	제 51(당) 기	제 50(전) 기
계약자산 - 반품예상재고	302,605	487,216
계약자산 계	302,605	487,216
계약부채 - 고객충성제도	86,098,386	89,700,242
계약부채 - 상품권	815,358,107	778,085,306
계약부채 - 기타	24,486,230	43,292,936
계약부채 계	925,942,723	911,078,484

출처: DART, 롯데쇼핑 51기 감사보고서, 주석

고, 손님이 신용카드로 결제한 그다음 달이면 현금이 입금된다. 그러니 영업을 통해 현금조달이 원활하다.

이 점을 감안하더라도 유동비율이 너무 낮은 것 아니냐고? 재무제표에서 답을 찾을 수 있다. 신세계는 타 업종이 가지지 않은 강력한 무기를 갖고 있다. 바로 상품권이다. 신세계는 단기적으로 현금유동성이 모자라면 상품권을 판매해서 현금을 조달할 수 있다. 신세계는 상품권을 팔고 현금을 받으면 매출이 아니라 부채로 계상한다. 그 이유는 상품권에 대해 나중에 물건으로 돌려줘야 하는 '마음의 빚(부채)'이라고 생각하기 때문이다. 표11은 신세계 재무상태표의 일부로, 부채 항목에 상품권이 있는 것을 확인할 수 있다.

그렇다면 표12에서 동종업계인 롯데쇼핑의 재무제표를 살펴보자. 유동비율이 약 56%로 역시나 낮다는 것을 알 수 있다. 롯데쇼핑도 백화점을 갖고 있으니, 부채 현황에 상품권이 있지 않을까? 찾아봤다면 없을 것이다. 롯데쇼핑의 상품권은 재무제표의 주석 사항에 나와 있다. 롯데쇼핑 주석에서 '계약부채'라고 검색해보면 표13과 같이 상품권이 계약부채에 계상되어 있다.

기본적으로 유동비율은 최소한 100%를 넘는 것이 좋지만, 업종의 특수성에 따라 감안해서 적용하면 된다. 상대적으로 돈이 늦게 도는 업종인 건설업은 조금 더 높은 유동비율을 확보해두는 것이 좋다.

농심, 장고 끝에 놓은 신의 한 수

유동자산이 유동부채보다 훨씬 많으면 무조건 좋은 회사일까? 안정성은 최고이지만 기회비용이 너무 크다. 다음 페이지에서 농심의 55기 재무제표를 보자. 1년 이내에 갚아야 할 유동부채가 4,567억 원인데, 이를 갚을 재원인 유동자산이 무려 8,776억 원으로 유동비율이 거의 200%에 가깝다. 농심이 당장 망할 일은 절대 없다고 보면 된다. 그런데 아쉬움이 있다.

유동자산은 현금에 가까운 자산이라 수익을 창출해내지는 못한다는 것이다. 따라서 유동자산은 유동부채를 커버할 정도로만 유지하면 되고, 나머지는 실물자산인 비유동자산에 투자해야 미래에 수익

표 14 농심 재무상태표(제54, 55기) (단위:원)

과목	주석	제 55(당)기		제 54(전)기	
자산					
Ⅰ. 유동자산			877,680,149,188		790,610,058,045
현금및현금성자산	4,5,34,36	98,050,905,577		86,593,447,643	
단기금융상품	4,36	452,000,000,000		393,666,595,014	
매출채권	4,7,33,36	158,615,161,715		164,644,408,058	
기타채권	4,8,33,36	15,408,620,729		14,257,473,796	
재고자산	9,35	148,760,156,369		124,994,176,208	
기타유동자산	10	4,845,304,798		6,453,957,326	
Ⅱ. 비유동자산			1,529,020,099,730		1,526,767,646,342
장기금융상품	4	6,000,000		30,006,000,000	
기타채권	4,8,33,36	11,987,113,541		12,239,655,697	
기타금융자산	4,6,36	53,659,341,092		46,744,369,744	
종속기업및관계기업투자	11	447,849,110,067		424,458,595,599	
퇴직급여자산	19	13,249,768,239		21,002,776,255	
유형자산	12,21,35	807,592,991,990		800,947,989,607	
무형자산	13	19,943,436,356		19,926,607,484	
투자부동산	14,35	174,511,027,186		171,333,632,853	
기타비유동자산	10	221,311,259		108,019,103	
자산총계			2,406,700,248,918		2,317,377,704,387
부채					
Ⅰ. 유동부채			456,700,512,911		410,759,017,341

출처: DART, 농심 55기 감사보고서

을 낼 수 있다. 그런 면에서 농심은 유동자산을 과다하게 보유하고 있으므로 수익성 면에서 아쉽다고 분석할 수 있다.

표14에서 유동자산 세부 내역을 더 살펴보자. 단기금융상품이 4,520억 원으로 가장 크다. 단기금융상품이란 예적금처럼 정형화된 상품이면서 단기적으로 운용하는 금융상품을 말한다. 그렇다면 농심이 가입한 4,520억 원의 예적금은 만기가 얼마짜리일까? 1년 이내이다. 앞에서 유동자산은 1년 이내에 현금화 가능한 돈이라고 했다. 회계에서 유동은 결산일로부터 1년 이내를 뜻한다. 그런데 이상하다.

왜 농심은 이 큰돈을 1년짜리 단기 상품에 넣어두었을까?

진짜 예금다운 예금도 있다. 재무상태표의 비유동자산을 보면 장기금융상품이라고 있다. 이것이 제대로 된 예적금인데, 금액이 600만 원으로 충격적이다. 여러분은 최소한 농심보다 장기예금이 더 많은 사람이라고 말해도 좋을 것이다. 예적금에 600만 원 정도는 들어 있지 않은가! 여러분은 의심해야 한다. 왜 농심은 4,520억 원이라는 큰 돈을 단기금융상품에 넣어두었을지 말이다. 최소한 10년짜리 장기예금에 가입하면 이자수익률이 1%라도 더 높기 때문에 한해에 40억 원 정도의 이자수익은 더 받을 수 있을 텐데 말이다.

농심은 투자하고 싶은 회사가 적정가격에 이를 때까지 언제든지 돈을 쓸 준비를 하는 것이다. 농심은 평상시에 투자하고 싶었던 회사를 엄격하게 평가했을 것이다. 그런데 시중의 매물가격이 생각했던 것보다 높으면 대기했다가 적정가로 매물가격이 들어오면 곧장 매입하려는 것이다. 필자는 몇 년 전에 후배에게 얘기했다. "후배야, 농심을 잘 지켜보고 있어. 조만간에 일 벌인다." 그랬더니 후배가 물었다. "왜요? 어떻게 알았어요?" 필자가 대답했다. "너라면 당장 안 쓸 돈을 이렇게 예금 같지도 않은 단기금융상품으로 갖고 있겠어? 4,520억 원 중 일부를 조만간에 투자할 생각이니까 유동자산으로 과다하게 보유하고 있지." 그 말을 듣고 후배가 농심 주식을 바로 샀는지 전화가 왔다. "형, 농심은 언제 일 벌여요? 자금을 계속 쌓아두고만 있던데." 하고 말이다. 필자가 대답했다. "주식을 레저로 하지 말고 차분히 기다

표 15 농심 재무상태표(제55, 56기)
[단위:원]

과목	주석	제 56(당)기		제 55(전)기	
자산					
Ⅰ. 유동자산			750,893,973,769		877,680,149,188
현금및현금성자산	4,5,35,37	111,712,510,859		98,050,905,577	
단기금융상품	4,37	272,000,000,000	←	452,000,000,000	
기타금융자산		35,695,661,638			
매출채권	4,7,34,37	163,835,961,062		158,615,161,715	
기타채권	4,8,34,37	13,766,905,777		15,408,620,729	
재고자산	9,36	148,859,665,370		148,760,156,369	
기타유동자산	10	5,023,269,063		4,845,304,798	
Ⅱ. 비유동자산			1,746,046,480,387	←	1,529,020,099,730
장기금융상품	4	6,000,000		6,000,000	
기타채권	4,8,34,37	11,501,391,146		11,987,113,541	
기타금융자산	4,6,37	71,366,426,095		53,659,341,092	
종속기업및관계기업투자	11	585,381,585,028	←	447,849,110,067	
퇴직급여자산	20	6,175,994,972		13,249,768,239	
유형자산	12,22,35	843,923,578,807		807,592,991,990	
사용권자산	13	12,125,365,671		–	
무형자산	14	19,777,486,428		19,943,436,356	
투자부동산	15,35	195,635,279,433		174,511,027,186	
기타비유동자산	10	153,372,807		221,311,259	
자산총계		2,496,940,454,156		2,406,700,248,918	

출처: DART, 농심 56기 감사보고서

표 16 농심 종속기업 투자 현황
[단위:원]

회사명	소재지	당기말		전기말	
		지분율(%)	장부금액	지분율(%)	장부금액
NongShim (HongKong), Ltd.	홍콩	97.81	151,814,325	97.49	132,211,201
NongShim Holdings USA, Inc.	미국	100	206,478,440	100	87,238,440
NongShim Japan, Inc.	일본	100	3,018,690	100	3,018,690
연변농심광천음료유한공사	중국	95.82	208,199,641	95.82	208,199,641
㈜농심기획	대한민국	90	10,394,550	90	10,394,550
Nongshim Australia Pty, Ltd.	호주	100	290,574	100	290,574
Nongshim Vietnam Co., Ltd.(*)	베트남	100	278,370	100	278,370
소계			580,474,590		441,631,466
관계기업					
아지노모도농심푸즈㈜(*)	대한민국	49	4,906,995	49	6,217,644
합계			585,381,585		447,849,110

출처: DART, 농심 56기 감사보고서, 주석

려." 드디어 2019년도 농심은 단기금융상품 중 약 1,800억 원을 투자한다.

표15는 농심의 56기 재무상태표이다. 단기금융상품이 55기 4,520억 원에서 56기 2,720억 원으로 줄어든다. 아니나 다를까 비유동자산이 1조 5,290억 원에서 1조 7,460억 원으로 약 2,200억 원 증가한다. 실물에 투자한 것이다. 비유동자산 중 무엇이 가장 크게 증가했는가? '종속기업 및 관계기업투자'가 55기 4,478억 원에서 56기 5,853억 원으로 크게 증가했다. 참고로 '종속기업 및 관계기업투자'는 자회사를 말한다. 그렇다면 어디에 투자했을까? 농심의 56기 주석 사항을 찾아보면 표16과 같은 투자 현황이 나온다.

계열회사 중에서도 어디가 가장 크게 증가했는가? '농심홀딩스 USA'이다. 원래 100% 자회사였는데, 56기에 1,200억 원을 공장 증설에 추가 투자했다. 56기는 2019년도로, 타이밍이 기가 막혔다. 농심이 2019년도에 미국 현지에 추가 투자하고 2020년 초에 코로나가 온 것이다. 한때 코로나로 인해 물류까지 셧다운 됐는데, 미국에서 만들어서 미국에서 판매하는 것은 그나마 가능하지 않았겠는가? 프로는 역시나 올바른 분석을 통해 적기에 투자해서 좋은 결과를 만든다. 다음 페이지의 그림7은 농심의 주가 추이이다. 2020년 초에 코로나 앞뒤로 최저 21만 원에서 최고 40만 원까지 올라간다. 앞서 농심 주식을 샀다는 후배는 이때까지 기다리지 못하고 2019년 9월에 농심 주식을 팔아버렸다. 지금은 연락이 잘 안 닿는다.

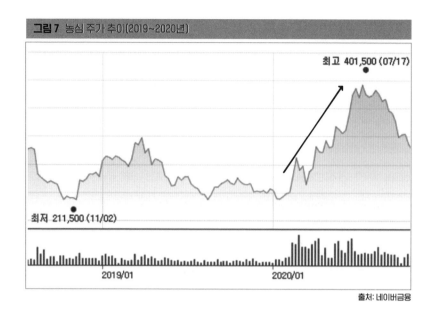

출처: 네이버금융

부채비율은 착시 효과일 뿐, 진짜 위험한 부채는 차입금의존도

안정성 지표로 일반인들이 가장 많이 보는 지표가 부채비율이다. 부채비율은 부채를 자기자본으로 얼마나 커버할 수 있느냐를 보여준다.

$$부채비율(\%) = \frac{부채총계}{자본총계} \times 100$$

우리나라 기업들은 IMF 외환위기 이후로 철저히 부채비율을 100% 미만으로 관리하고 있다. 최악의 상황이 오더라도 부채를 자기자본으로 다 커버하겠다는 의미이다. 그런데 과연 기업의 부채 위험성을 부채비율로 살펴보는 것이 적절할까? 표17을 보면 '프리드라이프'라는 상조회사의 2019년 재무상태가 나온다.

표 17 프리드라이프 재무상태표 〔단위:원〕

부 채 총 계		966,193,704,967		843,441,495,297
자 본				
Ⅰ. 자본금		2,250,000,000		2,000,000,000
보통주자본금(주석10)	2,250,000,000		2,000,000,000	
Ⅱ. 자본잉여금		(1,761,323,940)		(469,512,874)
기타자본잉여금(주석10)	(1,761,323,940)		(469,512,874)	
Ⅲ. 자본조정		(250,000,000)		-
자기주식(주석10)	(250,000,000)		-	
Ⅳ. 기타포괄손익누계액		2,131,982,930		1,445,455,221
지분법자본변동(주석4,10)	184,283,880		169,636,848	
부의지분법자본변동(주석4,10)	-		(372,566,016)	
매도가능증권평가손익(주석3,10)	1,947,699,050		1,648,384,389	
Ⅴ. 이익잉여금(주석11)		45,861,272,554		17,663,285,630
이익준비금	500,000,000		500,000,000	
미처분이익잉여금	45,361,272,554		17,163,285,630	
자 본 총 계		48,231,931,544		20,639,227,977

출처: DART, 프리드라이프 18기 감사보고서

자본총계가 482억 원인데 부채총계가 무려 9,661억 원이다. 부채비율을 계산해보면 충격적이게 2,000%가 나온다. 그런데 부채비율은 유의해서 봐야 한다. 좋은 부채도 있기 때문이다. 예를 들어 '선수금'이라는 부채는 신세계의 상품권처럼 미리 받은 현금을 말한다. 나중에 물건으로 돌려줘야 하니 마음의 빚으로 여기고 부채로 본다고 했다. 프리드라이프는 상조회사로, 마찬가지로 어마어마한 선수금이 있다. 상조회사는 매월 회비를 현금으로 이체받는다. 일단은 부채(선수금)로 계상하고 나중에 고객이 돌아가시면 상조 서비스를 제공하고 매출로 잡는 구조이다.

표18에서 프리드라이프의 재무상태표 부채 현황을 보자. 역시나 어마어마한 선수금이 잡혀 있다. '부금선수금'이라고 무려 9,193억 원

표 18 프리드라이프 부채 현황　　　　　　　　　　　　　　　　　　　(단위:원)

부　　　　　채				
Ⅰ. 유동부채		28,586,950,516		27,212,545,293
매입채무(주석 20)	1,314,010,568		1,212,955,190	
미지급금(주석 20)	10,515,869,769		11,394,893,693	
예수금	242,274,291		216,143,476	
부가세예수금	55,601,489		25,779,339	
예수보증금(주석 20)	430,090,809		488,090,809	
선수금	73,728,076		10,006,028,745	
단기차입금(주석 19,20)	–		100,000,000	
유동성장기부채(주석 19,20)	2,241,920,000		560,504,000	
미지급비용(주석 20)	5,123,126,182		2,344,461,351	
당기법인세부채	6,863,832,732		–	
유동성이연법인세부채(주석15)	1,726,496,600		863,688,690	
Ⅱ. 비유동부채		937,606,754,451		816,228,950,004
장기차입금(주석 19,20)	8,407,200,000		10,649,120,000	
임대보증금(주석 20)	2,455,250,000		2,585,200,000	
부금선수금(주석8)	919,329,326,863		802,531,717,434	
퇴직급여충당부채(주석7)	2,055,363,209		1,591,159,220	
퇴직연금운용자산(주석7)	(2,055,363,209)		(1,591,159,220)	
만기환급충당부채(주석9)	7,414,977,588		–	
비유동성이연법인세부채(주석15)	–		462,912,570	
부　채　총　계		966,193,704,967		843,441,495,297

출처: DART, 프리드라이프 18기 감사보고서

이나 부채로 잡혀 있다. 프리드라이프 부채총계 9,661억 원 중 대다수가 회원들에게 미리 받은 회비(선수금)였던 것이다. 그러니 좋은 부채라고 할 수 있다. 어떻게 좋은 부채라고 단정할 수 있냐고?

표19의 손익계산서를 보자. 2019년 영업 손실이 262억 원으로, 영업이익은 오히려 손실 나는 회사이다. 그런데 최종 당기순이익은 마이너스가 아니라, 280억 원으로 크게 이익이 났다. 어떻게 된 일인가? 이자수익이 무려 185억 원이나 발생했다. 배보다 배꼽이 더 크다. 어

표 19 프리드라이프 손익계산서 (단위:원)

항목				
III. 영업손실		26,269,449,533		11,668,334,288
IV. 영업외수익		75,470,883,872		23,037,182,914
이자수익	18,563,116,144		11,533,830,447	
배당금수익	31,286,701		283,040,084	
매도가능증권처분이익	200,586,694		176,659,846	
외화환산이익(주석14)	128,355,897		157,361,688	
지분법이익(주석4)	1,018,884,734		631,563,951	
지분법적용투자주식처분이익	–		6,899,622,677	
수입수수료	36,000,000		36,000,000	
유형자산처분이익	52,201,698,237		43,244,096	
부금해약이익	3,079,198,610		3,039,089,949	
렌탈해약이익	11,721,875		14,105,320	
잡이익	200,034,980		222,664,856	
V. 영업외비용		12,571,052,098		2,991,865,002
이자비용	496,459,796		292,192,236	
기부금	158,000,000		65,000,000	
지분법손실(주석4)	294,392,176		928,326,990	
유형자산처분손실	34,706,936		6,421,206	
매도가능증권처분손실	18,793,193		314,552,957	
부금해약손실	2,921,879,689		809,101,419	
투자자산처분손실	5,441,341		–	
충당부채전입액	7,414,977,588		–	
잡손실	1,226,401,379		576,270,194	
VI. 법인세비용차감전순이익		36,630,382,241		8,376,983,624
VII. 법인세비용(주석15)		8,432,395,317		1,190,143,195
VIII. 당기순이익(주석17)		28,197,986,924		7,186,840,429

출처: DART, 프리드라이프 18기 감사보고서

떻게 저금리 시대에 이렇게 큰 이자수익이 발생했을까? '부금선수금' 덕분이다.

고객에게 미리 받은 돈을 회계상으로는 부채로 잡고 있지만, 이미 회사에 들어온 돈이니까 은행에만 넣어놔도 이자수익이 발생해서 그 금액이 무려 185억 원에 달하는 것이다. 여기서 재무제표 분석을 통해 이자수익률까지 추론할 수 있다. '부금선수금'이 9,193억 원인데, '이자수익'이 185억 원이니까 185억÷9,193억=약 2%의 저축수익률이 발생한다는 것을 알 수 있다. 이런 것이 재무제표의 매력이다. 누구나 조금만 연습하면 숫자를 통해 회사를 읽어내려갈 수 있다. 주식 투자 하는 분들은 기본적으로 재무제표 분석을 할 줄 알아야 한다.

과거 우리나라 건설업은 호황기에 계약이 너무 잘되어 선수금이 수북하게 쌓인 적이 있었다. 계약이 너무 잘 돼서 들어오는 선수금은 좋은 부채이다. 그런데도 부채비율만 계산해보면 앞에서의 상조회 사처럼 높게 나오는 것이다. 그래서 은행에서 대출 불가 판정을 내린 시절도 있었다. 우리가 재무제표를 잘 모르던 시절의 얘기다. 이제는 그런 은행은 없다. 왜냐하면 '차입금의존도'라는 지표가 생겼기 때문 이다.

진짜 위험한 부채인 차입금으로 부채의 위험성을 체크하는 지표이 다. 분모가 자산총계라는 것에 유의하자. 사실 차입금의존도는 여러 분이 이미 많이 쓰고 있던 지표이다.

$$\text{차입금의존도}(\%) = \frac{(\text{회})\text{사채}+\text{차입금}}{\text{자산총계}} \times 100$$

예를 들어 누군가 주택을 10억 원 주고 매입했는데, 그중 4억 원이 차입금이라면 이때 부채비율이 40%라고 얘기한다. 엄밀하게 말하면 '차입금의존도'인 것이다. 왜냐하면 총자산이 10억 원이고, 위험한 부채인 차입금이 4억 원이므로 차입금의존도가 맞는 표현이다. 앞으로는 누군가 이것을 두고 부채비율이라고 말하면 꼭 알려주자. 그건 부채비율이 아니라 차입금의존도라고 말이다.

동기들을 돈방석에 앉혀준 이자보상비율

필자가 사회생활을 시작한 지 얼마 안 된 주니어 시절의 일화이다. 어느 날 동기들이 필자에게 잠실의 34평 아파트를 사라고 종용했다. 내가 아파트를 살 돈이 어디 있냐고 반문하자 답했다. "지금 잠실 아파트의 매매가가 8억 원인데 전세보증금이 6억 5,000만 원이야. 그러니 1억 5,000만 원만 있으면 살 수 있어." 1억 5,000만 원도 없는데 어떻게 사냐고 물었더니 동료들이 말했다. "전세보증금은 알다시피 이자가 없잖아. 나머지 1억 5,000만 원은 신용대출을 받아서 이자만 내. 그러면 월 이자가 70~80만 원 정도 나올 테니까 마음 편하게 70~80만 원짜리 월세를 산다고 생각하면 되지." 필자는 이자를 다달이 내는 것이 부담스러웠고, 그렇게 하우스푸어가 되고 싶지 않았다. 수년이 흘렀다.

동기들이 사라고 했던 잠실 아파트는 시세가 약 23억 원이 되었고, 전세보증금이 12억 5,000만 원까지 올랐다. 그 당시 집 한 채씩 장만했던 동기들이 말했다. "우리 이자보상비율 배웠잖아. 설마 이론으로만 배우고 실천을 안 하는 건 아니지? 이자보상비율은 영업이익으로 이자만 커버하면 최소한의 안정성은 유지되잖아. 우리가 계속 돈을 버는데 월 70~80만 원 이자를 못 내겠어? 원금은 내가 갚는 게 아니니까 제대로 된 자산을 잡았다면 그 자산이 알아서 해결해주는 거지." 전세보증금이 6억 5,000만 원에서 12억 5,000만 원으로 올랐으니 추가로 6억 원의 현금이 더 들어온 것이다. 신용대출 1억 5,000만 원을 갚고도 4억 5,000만 원이 남는 돈이다. 필자는 이 사건 이후로 많이 변했다. 지식을 이론으로만 알고 있는 건 아무 소용이 없다.

이렇게 개인이 이자보상비율을 적용해서 연봉(영업이익)으로 이자만 커버해 자산을 사들이자 정부의 강한 규제가 들어왔다. 이제는 DSR(Debt Service Ratio, 총부채원리금상환비율) 강화라고 해서 원금과 이자를 반드시 함께 상환해야 한다. 그러니 개인들은 앞으로 이자보상비율을 계산할 때 원금도 분할 상환하는 것을 고려해야 한다.

다시 기업의 이야기로 돌아오자. 기업의 안정성을 체크하는 마지막 지표로 이자보상비율이 있는 것은 기업은 반드시 최소한의 영업이익으로 이자를 커버해야 하기 때문이다. 만약 영업이익으로 이자도 못 내는 기업이 있다면 그런 기업을 '한계기업' 또는 '좀비기업'이라고 한다. 투자할 때 반드시 피해야 하는 기업 중에 하나이다.

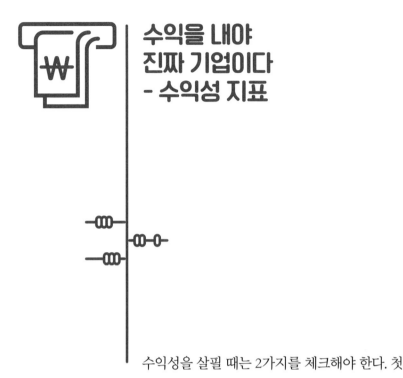

수익을 내야
진짜 기업이다
- 수익성 지표

수익성을 살필 때는 2가지를 체크해야 한다. 첫째는 '매출액과 비교한 수익성'이다. 회사가 매출만 잘 내면 뭐하겠는가? 비용을 다 쓰고도 이익이 나야 한다. 따라서 기업의 수익성을 체크하는 지표로 매년 매출액 대비 수익성을 보는 지표인 매출총이익률, 영업이익률, 당기순이익률이 있다. 두 번째로 '최초 투자액 대비 수익성'을 체크해야 한다. 기업을 운영하는 사업가에게는 최초 투자액이 있었을 것이다. 그 투자액을 회수할 때까지는 실제로 돈을 번 것이 아니다. 투자 원금을 회수하고도 그 이상으로 남아야 수익성이 좋다고 볼 수 있다. 이러한 지표 중 가장 대표적인 것이 총자산이익률(ROA, Return On Assets)과 자기자본이익률(ROE, Return On Equity)이다.

워런 버핏이 특히 중시하는 지표가 ROE이다.

상품 자체의 마진율인 매출총이익률에 집중하자

손익계산서를 보면 왜 이렇게 이익의 제목이 많은 것일까? 정보를 주기 위해서이다. 일단 기업의 주된 이익인 영업이익률이 중요하다. 그 회사가 본업으로 벌어들이는 이익이다. 그런데 영업이익률이라는 좋은 지표가 있는데, 왜 매출총이익률이라는 것이 필요할까? 매출총이익률은 상품 또는 제품 자체의 마진율을 보여준다.

$$매출총이익률(\%) = \frac{매출총이익}{매출액} \times 100$$

재미난 사례로 설명해보겠다. 하이마트는 유통업을 한다. 하이마트가 LG전자로부터 노트북을 70만 원에 매입해서 소비자에게 100만 원에 판매한다고 가정하자. 이때 상품 자체의 마진율은 30% 정도이다. 이것을 바로 매출총이익률이라고 한다. 여러분이 노후에 하이마트처럼 유통업에 뛰어들기로 했다. 판매가가 100만 원인 노트북을 95만 원에 매입한다면 이때 마진율은 5%밖에 안 된다. 역시 이것을 매출총이익률이라고 한다.

누군가 여러분에게 물었다. "왜 이렇게 마진이 얼마 안 남는 위험한 사업을 하세요?" 여러분이 대답했다. "스릴 있잖아요. 매출총이익

표 20 A사 손익계산서
[단위:원]

과 목	제 15 (당) 기		제 14 (전) 기	
Ⅰ.매출액(주석2,19,22)		12,234,155,104,126		11,937,153,915,295
1.국내매출액	3,443,796,740,884		2,550,114,938,164	
2.수출매출액	8,790,358,363,242		9,387,038,977,131	
Ⅱ.매출원가(주석2,9,19,22)		11,396,102,730,067		11,524,903,425,030
(1)제품매출원가	10,132,917,167,641		10,232,203,454,363	
1.기초제품재고액	310,428,668,769		387,457,295,039	
2.당기제품제조원가	10,160,903,207,801		10,107,593,172,857	
3.타계정대체액	(3,774,783,781)		47,581,655,236	
4.기말제품재고액	(334,639,925,148)		(310,428,668,769)	
(2)부품및기타매출원가	1,263,185,562,426		1,292,699,970,667	
Ⅲ.매출총이익		838,052,374,059		412,250,490,265
Ⅳ.판매비와관리비(주석17,22)		1,369,207,767,295		1,006,648,261,585
Ⅴ.영업이익(손실)		(531,155,393,236)		(594,397,771,320)

출처: DART, A사 15기 감사보고서

률이 5%밖에 안 되지만, 판매관리비를 아껴서 영업이익에서 플러스가 나면 됩니다."라고 말이다. 절대 이렇게 사업하면 안 된다. 그러나한국에는 이런 기업들이 수두룩하다. 실제 회사의 재무제표를 통해보여주겠다. 좋지 않은 사례이기에 A사라고 하겠다. 표20은 A사의손익계산서이다.

매출총이익률을 구하면 약 6.8%가 나온다. 영업이익률이 아니다.제품 자체의 마진율인 매출총이익률이 6.8%밖에 안 된다. 필자의 눈에는 해당 회사의 경영진이 위험한 경영을 하는 것으로 보인다. 아니나 다를까 영업이익을 보면 손실이 크게 나고 있다. 이 회사는 한때청산할까 말까 하던 회사였다.

이처럼 매출총이익률은 회사의 하락세를 미리 감지하기에 매우 좋은 지표이다. 회사는 사업 자체의 마진율(매출총이익률)이 안 좋아지면,판관비를 무리하게 절감하여 동종업계 수준으로 영업이익을 억지로 맞춘다. 그런데 판관비도 영업을 위해 필요한데, 무리하게 절감한다고 해서 얼마나 버틸 수 있겠는가? 매출총이익률을 미리 체크하면 기업의 진정한 수익성을 알 수 있다. 지금은 판관비를 절감해서 나온 영업이익으로 버티지만, 마진율 자체가 안 좋아지고 있으므로 결국은 지속하기 힘든 사업이 될 수도 있다.

그렇다면 어느 정도의 매출총이익률이 적정한지 궁금할 것이다. 업종마다 달라서 일관되게 답변하기는 어렵다. 일단 경쟁회사랑 비교해보자. 경쟁회사보다 월등하게 낮다면 수익성이 안 좋아지고 있는 것이다. 그리고 경쟁사랑 비슷하다고 하더라도 안심하지 말고, 업종은 다르지만 잘나가는 기업들과 비교해보자. 투자자 입장에서 업종 자체의 매출총이익률이 낮으면 수익률이 좋은 업종으로 떠나야 하지 않겠는가? 가치주라고 생각했지만 주가가 안 오르고 있다면 매출총이익률이 계속 안 좋아지고 있는지 반드시 점검해야 한다. 그런 종목은 적당한 때에 갈아타야 할 수도 있다. 주의할 점은 이제 막 성장하는 기업은 매출총이익률이 제대로 형성되어 있다고 볼 수 없다. 후술할 성장성 지표를 함께 체크하고 종목에 투자할 것인지 의사결정을 해야 한다.

투자액 대비 수익성을 따져봐야 한다

재무상태표의 '자산'은 좋은 것일까? 위험한 것일까? 다수는 좋다고 할 것이다. 자산이 너무 없어서 문제이지, 많으면 많을수록 좋은 것 아니냐고 말이다. 물론 맞다. 자산은 기본적으로 좋은 것이다. 하지만 반대 측면도 생각해야 한다. 필자는 현금을 제외한 회사의 실물 자산은 '회사의 사장님이 돈을 쓰고도 자산이라고 우기는 것'이라고 정의한다.

회사에 기계장치나 공장 건물이 왜 있겠는가? 수년 전에 큰돈을 지출하고 사왔으므로 회사에 있는 것 아닌가? 그런데 회사는 회계장부에 전액 비용 처리하지 않는다. 심지어 돈을 쓰고도 자산이라고 계상한다. 이유는 해당 자산이 미래에 더 큰돈을 벌어다 줄 것으로 믿기 때문이다. 그런데 미래에 돈이 안 들어오면 자산이라고 할 수 없다. 따라서 재무제표는 여러분에게 이 회사의 자산이 미래에 돈을 벌어다 줄 진짜 자산인지, 아니면 날려버린 돈인데 자산이라고 우기는 것인지 알려준다. 어떻게 재무제표가 그런 좋은 정보를 알려주고 있는지 설명해보겠다.

예를 들어 어느 회사에 부동산 자산이 100억 원이 있다고 해보자. 재무제표는 부동산이라는 쉬운 용어를 쓰지 않고, '유형자산', '투자부동산', '재고자산' 등으로 표현한다. 많은 분이 재무제표는 왜 이렇게 어려운 용어를 쓰냐고 물어보곤 한다. 답은 투자자들에게 더 좋은 투자정보를 주기 때문이다. 만약 회사가 부동산을 유형자산으로 표기하고 있다면 공장건물 등 본업에 사용하는 것이다. 회계사인 필자는 유형자산 100억 원이라고 쓰여 있으면 일단 이렇게 생각한다.

'100억 원이라는 큰돈을 쓰고 왜 자산이라고 우기지? 반드시 수익으로 돌아와야 자산이지. 아하, 유형자산이라고 되어 있구나. 그렇다면 본업에 사용하는 자산이고, 그로 인한 결과물은 본업의 이익인 영업이익을 보면 되겠네.' 하고 말이다. 이때 만약 영업이익이 2억 원이 발생한다면 투자수익률은 2%이다.

이번에는 100억 원이 투자부동산으로 계상되어 있다고 해보자. 투자부동산은 말 그대로 투자 목적으로 임대 등을 주는 것이다. 필자는 역시 생각한다. '100억 원이라는 큰돈을 쓰고 왜 자산이라고 우기지? 반드시 수익으로 돌아와야 자산이지. 그런데 투자부동산이라고 되어 있구나. 그럼 영업외수익에서 임대수익을 보면 되겠네.'라고 말이다. 이때 임대수익을 보았더니 20억 원이 발생했다면 투자수익률이 20%이다. 그렇다면 필자는 그 회사의 사장님에게 찾아가 물어볼 것이다. "사장님. 여기 뭐 하는 회사예요?"

사장님이 말했다. "빵 만드는 식품회사예요." 필자는 컨설턴트로서 조언할 것이다. "에이, 그럼 여기는 빵 만들면 안 되겠네요. 더 잘하는 게 있는데요? 공장(유형자산)에서 빵 만들어서 겨우 2%(영업이익률) 버는데, 기가 막힌 땅들을 갖고 있으니 차라리 임대사업으로 본업을 전환하세요. 임대수익률이 20%나 되는데요." 하고 말이다. 이처럼 부동산이라는 쉬운 용어보다 100억 원이라는 돈을 어디에 썼는지 목적을 보여주는 재무제표 용어가 주식 투자에는 더 많은 정보를 준다.

마지막으로 부동산을 '재고자산'으로 표기한 회사가 있다고 해보자. 이것은 업종까지 알려준다. 재고자산은 마치 편의점의 과자처럼 판매를 목적으로 하는 자산이다. 부동산이 재고자산으로 분류되어 있다는 것은 부동산 자체를 판매 목적으로 하는 부동산매매업이나 건설업이라는 정보를 제공한다. 그렇다면 재고자산에 돈을 지출하고 자산이라고 우길 때는 무엇을 보아야 진정한 자산인지 확인할 수 있을까? 판매 목적이므로 판매가격의 추이를 보면 진정한 자산인지 알 수 있다. 그러나 판매가격이 하락하면 그 재고자산은 자산으로서의 가치가 이미 퇴색된 이후일 것이다.

재고자산에 쓴 돈이 진짜 자산이 맞는지 사전에 체크하려면, 재고가 얼마나 빨리 팔리는지 '재고자산회전율'을 살펴봐야 한다. 원래는 판매 주기가 90일인 재고자산이 1년이 다 되도록 안 팔리고 있다면 재고회전율이 떨어지는 것이다. 이러면 반드시 해당 사업의 밸류체인상 문제가 생긴 것이고, 필연적으로 가격은 떨어지게 되어 있다. 따라서 회사는 재고자산회전율이 떨어지기 시작하면 조금 할인해서라도 단시간에 재고자산을 정리하는 것이 나을 수도 있고, 만약 타이밍을 놓친다면 회사는 막대한 재고자산이 쌓여 위기에 놓일 수도 있다.

이처럼 회사가 자산이라고 하는 것들은 사실 회사가 지출한 내역이고, 여러분은 자산이라는 이름에 걸맞게 수익이 잘 회수되는지 파악하기 위해 투자액 대비 수익성 지표를 살펴야 한다. 이를 세련되게 ROIReturn On Investment라고 한다. 투자액 대비 수익성을 체크한다는 뜻이다. ROI는 개별자산에도 적용할 수 있는 개념이다. 다만 각각의 투자자산에 걸맞은 이익지표만 잘 매칭하면 된다. 참고로 가장 대표적인 ROI 지표로는 크게 ROA와 ROE를 들 수 있다.

예를 들어 총자산이 100억 원짜리 기계장치 하나인 회사가 있다. 해당 기계장치로 매년 10억 원의 최종이익을 창출하고 있다고 하자. 이때 총자산(100억) 대비 이익률(10억)은 10%일 것이다. 이것을 ROA라고 한다. 워런 버핏 같은 투자의 대가는 100억 원의 기계장치를 사기 위해 자기자본을 전액 투자하지 않는다. 기계장치를 구입하는 데 자기자본을 50억 원만 투자하고 나머지 50억 원은 부채로 빌린다. 어차피 100억 원짜리 기계장치가 있으면 10억 원의 이익을 창출하는데, 실제 자기자본은 50억 원만 투자했으므로 수익성이 극대화된다. 이를 ROE라고 한다. 그래서 개인투자자들이 부채 레버리지를 껴서 투자하는 것이다.

일반적으로 ROE가 높은 회사가 좋다고 알려졌지만 그만큼 부채를 많이 써서 안정성이 떨어질 수 있다는 점을 간과해서는 안 된다. 따라서 앞에서 언급한 안정성을 해치지 않는 선에서 ROE를 극대화하는 것이 기업가치를 높이는 데 가장 유리하다. 그러면 기업의 안정성을 해치지 않는 적정부채라는 것은 어느 정도인지 궁금할 것이다. 그런데 놀랍게도 여러분들은 알고 있다. 다만, 아직은 지식이 매 순간 적용되지 않을 뿐이다.

부채는 많고 적음이 중요한 것이 아니라 관리 가능한 수준인지가 중요하다고 했다. 부채를 관리하는 주요 요소는 이자와 원금상환이다. 사실 기업은 이자만 내면 원금상환은 거의 유예되므로 영업이익으로 이자만 커버할 수 있으면 된다. 혹시나 원금상환이 유예되지 않을 수 있는 금융위기 같은 거시지표만 체크하면, 그 정도까지는 부채를 써서 ROE를 극대화할 필요는 있다. 부채와 관련해서는 이 정도의 지식이면 충분하다. 기업을 분석할 때 이러한 지식을 적용하는 연습을 많이 하길 바란다.

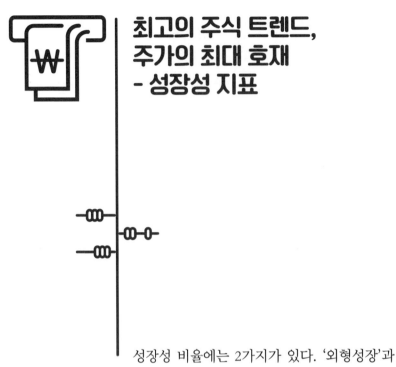

최고의 주식 트렌드,
주가의 최대 호재
- 성장성 지표

성장성 비율에는 2가지가 있다. '외형성장'과 '실적 성장'이다. 자산 증가와 매출 증가는 외형성장에 해당하고, 영업이익 증가와 순이익 증가는 실적 성장에 해당한다. 과거에는 주로 이익이 증가하는 실적 성장을 중요시했으나, 지금은 매출 증가에 훨씬 더 많은 가중치를 두는 분위기이다. 물론 매출이라는 외형성장과 이익이라는 실적 성장을 동시에 이루는 것이 최선이겠지만, 아무래도 이익 관리에 신경 쓰다 보면 미래에 대한 도전을 꺼리고 하던 것만 하게 되어 매출이 정체를 보인다.

특히나 이러한 기업을 가치주라고 부르면서 이익을 또박또박 내는데 왜 주가는 안 오르냐고 노심초사하는 분이 많다. 앞에서도 언급했지만 자본주의는 시속 4km로 달리는 러닝 머신과 같으므로 이익이 유지된다고 버틸 수 있는 것이 아니라, 최소한 시속 4km로 함께 성장하면서 이익을 내야 한다. 그렇지 않으면 언젠가는 러닝 머신 밖으로 한순간에 밀려날 수 있다.

만년 적자이지만 가장 무서운 회사로 급부상할 쿠팡

과거에 단순한 외형성장은 안 좋게 보는 경향이 컸다. 그 이유는 외형성장은 부채를 막대하게 끌어와서 자산을 증가시킨다거나 엄청난 판촉비를 통해 적자를 감수하면서 매출을 증가시키는 등 상대적으로 눈속임이 쉽기 때문이다. 그런데 요즘 들어 그 인식이 많이 바뀌었다. 적자를 감수하더라도 미래 사업의 트렌드에 맞는다면 매출 성장을 하는 것이 주식 가치에 더 우호적인 분위기이다.

필자는 우리나라에서 앞으로 가장 무서운 회사로 쿠팡을 지켜보고 있다. 쿠팡을 좀 아는 분들은 이렇게 얘기한다. "쿠팡이 왜 무서워? 맨날 적자만 보고 있는 회사인데." 표21, 22에서 2017~2019년도 쿠팡의 재무제표를 보자. 쿠팡의 2017년(제5기) 매출액은 2조 6,000억 원 정도였다. 그러다 2018년(제6기)에 4조 4,000억 원으로 크게 증가했고, 2019년(제7기)도에는 7조 원대로 무서울 정도로 성장했다.

표23에서 유통서비스업의 절대강자이자 업계 1위인 이마트의 재무제표와 비교해보자(편의상 유통업 자체의 매출액만 비교하기 위해 감사보고

표 21 쿠팡 손익계산서(제5, 6기) 〔단위: 100만 원〕

과 목	주석	제 6 (당)기	제 5 (전)기
Ⅰ. 매출액	20,26	4,414,724	← 2,681,390
Ⅱ. 매출원가	21	3,672,677	2,166,505
Ⅲ. 매출총이익		742,047	514,885
판매비와관리비	21,26	1,849,460	1,137,692
Ⅳ. 영업손실		(1,107,413)	(622,807)

출처: DART, 쿠팡 6기 감사보고서

표 22 쿠팡 손익계산서(제6, 7기) 〔단위: 100만 원〕

과 목	주석	제 7 (당)기	제 6 (전)기
Ⅰ. 매출액	20,25,26	7,140,720	← 4,347,684
매출원가	21,26	5,966,550	4,144,277
영업 일반관리비	21,25,26	1,922,960	1,341,748
Ⅱ. 영업손실		(748,790)	(1,138,341)

출처: DART, 쿠팡 7기 감사보고서

표 23 이마트 손익계산서(제8, 9기) 〔단위: 100만 원〕

과 목	주석	제 9 (당) 기	제 8 (전) 기
매출액	28,37	13,154,820,005,943	13,148,336,659,460
매출원가	29,37	9,527,689,215,268	9,338,644,059,252
매출총이익		3,627,130,790,675	3,809,692,600,208
판매비와관리비	29,30,37	3,375,990,318,203	3,320,354,768,062
영업이익		251,140,472,472	489,337,832,146

출처: DART, 이마트 9기 감사보고서

서 수치를 비교하였다). 이마트의 2019년(제9기) 매출액은 13조 원대이다. 쿠팡이 이마트 매출액의 절반 이상을 따라온 것이다. 이쯤 되면 쿠팡의 2020년 실적이 무척 궁금해진다. 쿠팡의 매출액이 업계 1위 이마트의 매출액을 얼마나 따라왔을지 아니면 넘어버렸는지 말이다(그해 실적은 다음 해 3월 말에 전자공시시스템에서 확인할 수 있다). 미래를 예측해보자. 논리를 가지고 미래를 맞춰보는 것이다. 맞으면 좋고, 틀려도 학습효과가 생기니 손해 보는 장사는 아니다. 2020년도에 코로나가 왔다. 그러면 온라인·모바일 유통을 주력으로 하는 쿠팡은 매출액이 크게 증가했으면 증가했지, 감소하지는 않았을 것이다. 만약 쿠팡이 매출액 10조를 넘어버리면 이마트의 턱밑까지 오는 것이다.

여기서 스토리를 한번 만들어보자. 여러분이 이마트의 재무책임자라면 이런 생각을 할 것이다. '적자를 보면서 죽자고 덤벼드는 쿠팡과 계속 출혈경쟁을 하느니, 쿠팡을 확 인수해버릴까?' 아마도 M&A(지분인수)를 한 번쯤은 검토했을 것이다. 반대로 여러분이 쿠팡의 재무책임자라면 반드시 상장할 것이다(필자는 몇 년 전부터 강의에서 쿠팡은 반드시 상장할 것이라고 말했다. 이미 상장 발표를 했기에 얘기하기가 싱겁지만 강의를 들은 분들이 증인이니, 자신 있게 쓰겠다). 왜냐하면 이마트뿐 아니라 다른 회사들도 쿠팡에 지분투자를 고려하고 있을 것이고, 그때 쿠팡을 비싸게 팔려면 상장하는 게 유리할 테니 말이다.

만약 비상장 상태에서 쿠팡의 지분을 누군가에게 판다면, 쿠팡의 기업가치를 어떻게 평가할 수 있을까? 비상장기업은 영업을 통한 수익 가치를 기반으로 평가한다. 물론 스타트업 회사는 고객 기반이나 매출을 기반으로 기업가치를 주로 평가하지만, 계속 적자가 크게 나는 상황에서는 아주 높은 가치를 받지는 못할 것이다. 따라서 쿠팡은 반드시 상장할 것으로 보였다. 상장사는 시중에 거래되는 주가로 거래할 수 있기 때문이다. 쿠팡이 상장하면 주가는 오를 개연성이 크기 때문에 지분매각 시 유리해진다.

다시 이마트의 입장으로 돌아가보자. 만약 쿠팡이 상장하면 이마트는 일부 지분인수조차 쉽지 않다. 왜냐하면 매우 비쌀 테니 말이다. 높은 성장세를 보이는 경쟁사라고 하더라도 이마트는 적자만 나는 쿠팡을 비싸게 살 수는 없다. 이대로 포기해야 할까? 이것도 쉬운 일은 아니다. 평생 업계 2, 3위에 머무는 롯데쇼핑이 있기 때문이다. 롯데쇼핑은 업계 1위인 이마트를 못 쫓고 있다. 그러니 이번 기회에 쿠팡의 지분 일부를 매입해서 쿠팡과 협력하면 오프라인 강자와 온라인 강자가 만나서 유통업 시장을 완전히 석권할 수 있겠다는 희망이 보일 것이다. 따라서 이마트는 이러지도 저러지도 못하는 상황이 연출될 수도 있다.

쿠팡은 애초에 인수되기 위해서 태어난 회사가 아닐까 싶다. 쿠팡은 초기 몇 년간 엄청난 적자를 보더라도 매출 성장세를 크게 일으켜서 결국 시장점유율을 올리고 경쟁자들이 딜레마에 빠지게 하는 무서운 계획이 있었는지 모른다. 이런 얘기를 들으니 갑자기 쿠팡 주식을 사고 싶어지는가? 그러나 쿠팡은 아쉽게도 단 한 주도 살 수 있는 상황이 아니다. 그걸 어떻게 아냐고? 재무제표가 알려주고 있다.

쿠팡의 재무제표 주석 사항을 보면 '쿠팡엘엘씨'라는 회사가 쿠팡의 지분을 100% 갖고 있다. 즉, 단 한 주도 시중에 유통되고 있지 않다. 더 아쉬운 것은 쿠팡이 미국증시에 상장하기로 한 것이다. 한국에서 상장했다면 공모주 시장에 참여했을 텐데, 아쉽게도 미국에서 상장한다. 지금이라도 이해관계자들은 쿠팡과의 협력을 도모해야 한다. 그렇지 않으면 이 회사가 어떤 위협으로 우리 기업들에 위협으로 다가올지 모른다.

표 24 쿠팡 주석 사항

쿠팡 주식회사

1. 회사의 개요

쿠팡 주식회사(이하 "회사")는 2013년 2월 15일에 설립되었으며, 2013년 10월 1일자로 지배회사인 쿠팡엘엘씨(Coupang, LLC)로부터 한국지점의 주요 자산과 부채를 현물출자 받았습니다. 회사는 현재 상품의 판매 및 중개를 주요 영업으로 하고 있으며, 2019년 12월 31일 현재 회사의 본사는 송파구 송파대로에 소재하고 있습니다.

2019년 12월 31일 현재 자본금은 12,149백만원이며, 주요 주주현황은 다음과 같습니다.

주주명	주식수(주)	지분율(%)
쿠팡엘엘씨(Coupang, LLC)	242,975	100.0

출처: DART, 쿠팡 7기 감사보고서, 주석

쿠팡이 이미 상장해서 필자의 예측이 조금 싱거워졌으니, 이 시점에서 다른 예측을 해보겠다. 쿠팡을 한국에서 가장 무서운 회사로 여기는 이유는 사실 유통업만의 문제가 아니다. 이마트와 롯데쇼핑이 제압하기에 쿠팡은 이미 선을 넘어버린 회사이다. 이제는 네이버와 카카오가 긴장해야 한다. 만약 쿠팡이 네이버와 카카오보다 한국에서 소비자 충성도가 높아진다면 결국 IT 플랫폼 업종까지도 위협할 수 있는 회사이기 때문이다. 쿠팡은 유통으로 승부 보려는 회사가 아니다. 앞에서 매출총이익률의 중요성을 말했다. 유통업의 매출총이익률 특성상 쿠팡이 그동안의 투자금액을 회수하기가 만만치 않다. 결국에는 IT서비스를 넘어 금융까지 장악하려는 꿈을 꾸고 있을 것이다. 네이버와 카카오가 뚫리면 결국 국내 4대 금융지주가 무서워할 회사가 될 것이다.

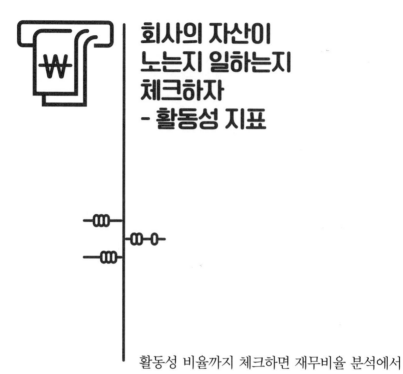

회사의 자산이 노는지 일하는지 체크하자 - 활동성 지표

　　활동성 비율까지 체크하면 재무비율 분석에서는 금상첨화이다. 활동성 비율은 기업의 자산과 부채가 얼마나 활발하게 매출에 기여하는지를 살펴보는 지표이다. 쉽게 설명하면 기업마다 자산 규모가 다르고, 그에 걸맞게 일해야 한다. 그런데 자산을 충분히 쓰지 않고 놀리면 기업가치는 어떻게 되겠는가?

　　우리나라 주식시장이 코로나 이전에 박스권에서 머문 이유가 이 때문이다. 한국 기업들은 IMF 외환위기에 따른 트라우마로 자산을 적극적으로 활용하지 않고 현금성 자산으로 쌓아두는 경향을 보였다. 그러다 보니 미래 산업에 도전하는 노력이 상대적으로 부족했다. 그 증거들이 자산회전율 등의 활동성 지표에서 나타나고 있다. 여러분이 주로 살펴야 하는 활동성 지표는 총자산회전율, 매출채권회전율, 재고자산회전율, 매입채무회전율 등이다.

쉬지 않고 소처럼 일하는 쿠팡 vs. 잠시 쉬어가는 롯데쇼핑

쿠팡이 소처럼 일하는지, 롯데쇼핑이 잠시 쉬는지 재무제표를 보면 알 수 있다. 표25를 보면 쿠팡의 자산총계는 3조 원이고, 표26을 보면 매출액은 7조 원이다. 즉, 쿠팡은 자산 대비 매출액이 약 2배이다. 자산 1원당 매출을 2.3원씩 올리는 회사이다. 이것을 총자산회전율이라고 한다.

$$\text{총자산회전율(\%)} = \frac{\text{매출액}}{\text{총자산}} \times 100$$

표27, 28은 동종업계인 롯데쇼핑의 재무제표이다. 롯데쇼핑의 자산총계는 25조 원인데, 그에 반해 매출액은 8조 7,000억 원이다. 자산이 25조나 되는 회사가 매출을 8조 7,000억 원밖에 못 내고 있다. 앞에서 쿠팡의 매출액은 7조 원인데, 자산은 3조 원밖에 없었다. 이러니 롯데쇼핑의 자산이 놀고 있다고 한 것이다.

롯데쇼핑의 총자산회전율을 구해보면, 자산 1원당 0.35원밖에 벌지 못하고 있다. 롯데쇼핑의 낮은 총자산회전율을 이렇게 해석할 수 있다. 그만큼 자산이 많고 잠재력도 있는 회사라는 것이다. 다만 어떻

표 25 쿠팡 재무상태표 [단위: 100만 원]

과 목	주석	제 7 (당)기말	제 6 (전)기말
자 산			
Ⅰ. 유동자산		1,857,172	1,303,173
현금및현금성자산	4,5	806,723	594,238
단기금융자산	4,5,6,13	167,360	138,759
매출채권	4,5,7,25	69,003	27,243
재고자산	8,13,26	711,862	423,358
당기법인세자산		1,580	485
기타유동금융자산	4,5,25	49,894	23,441
기타유동자산	26	50,750	95,649
Ⅱ. 비유동자산		1,201,329	458,567
장기금융자산	4,5,6	4,811	4,811
종속기업투자주식	12,25	47,472	18,472
유형자산	9,13,26	563,023	397,461
사용권자산	10,13,25,26	516,413	–
무형자산	11	6,800	6,528
기타비유동금융자산	4,5,25	61,881	28,321
기타비유동자산		929	2,974
자 산 총 계		3,058,501	1,761,740

출처: DART, 쿠팡 7기 감사보고서, 재무상태표

표 26 쿠팡 손익계산서 [단위: 100만 원]

과 목	주석	제 7 (당)기	제 6 (전)기
Ⅰ. 매출액	20,25,26	7,140,720	4,347,684
매출원가	21,26	5,966,550	4,144,277
영업 일반관리비	21,25,26	1,922,960	1,341,748

출처: DART, 쿠팡 7기 감사보고서, 손익계산서

게 매출 성장을 이끌어낼지 고민이 부족한 상태이다. 이러한 비효율성은 주가에 그대로 반영되고 있다. 다음 페이지의 그림8에서 롯데쇼핑의 최근 10년간 주가 추이를 보면 10여 년 동안 주가가 하향세를 보였다. 이렇듯 총자산회전율은 미래를 선반영하는 주가를 예상하는 데 좋은 지표로 쓰인다. 롯데쇼핑은 무려 25조 원이라는 큰 자산을 매출을 향상하는 데 활용하지 못하고 놀리고 있다.

표 27 롯데쇼핑 재무상태표

(단위: 원)

과 목	주석	제 51(당) 기	제 50(전) 기
자 산			
유동자산		3,715,374,395,889	3,184,070,136,909
현금및현금성자산	7,35,40	1,058,444,838,960	726,809,053,877
매출채권및기타채권	5,7,38,40	408,933,203,369	631,839,037,873
기타금융자산	6,7,23,40	960,136,008,761	1,194,164,795,756
재고자산	8	445,949,649,888	484,653,820,797
당기법인세자산	34	1,085,144,365	–
기타비금융자산	9	12,978,345,377	32,148,632,363
매각예정자산	10	827,847,205,169	114,454,796,243
비유동자산		21,208,830,578,036	23,780,196,195,973
기타채권	5	231,934,594,679	236,661,332,719
종속기업,관계기업및공동기업투자	11,12,13,38	4,201,658,419,615	4,450,542,519,010
기타금융자산	6,7,23,40	1,026,238,955,196	1,104,877,148,258
유형자산	14	9,762,820,521,625	11,110,901,479,714
사용권자산	14,39	4,500,731,839,479	5,437,509,185,898
투자부동산	15	1,237,613,960,043	1,116,505,540,511
영업권	16	60,292,995,459	224,659,569,852
무형자산	16	106,999,594,382	54,865,097,617
기타비금융자산	9	8,296,654,447	8,570,480,824
확정급여자산	22	72,243,043,111	35,103,841,570
자 산 총 계		24,924,204,973,925	26,964,266,332,882

출처: DART, 롯데쇼핑 51기 감사보고서, 재무상태표

표 28 롯데쇼핑 손익계산서

(단위: 원)

과 목	주석	제 51(당) 기	제 50(전) 기
매출	29,38	8,708,083,759,301	9,695,325,161,145
매출원가	8,32,38	(4,553,662,568,228)	(4,888,608,517,506)
매출총이익		4,154,421,191,073	4,806,716,643,639

출처: DART, 롯데쇼핑 51기 감사보고서, 재무상태표

아주 긍정적으로 보면 롯데쇼핑은 앞으로 쏟아부을 자산이 많으니, 과감하게 변화하고 도전해야 한다. 개인적으로 롯데쇼핑은 반드시 좋은 방향으로 바뀔 것이라고 본다. 늦게 철드는 사람이 있는 것처

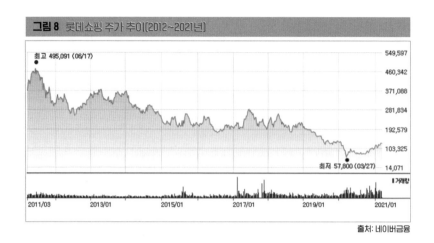

럼 롯데쇼핑이 그런 케이스라고 했다.

롯데쇼핑은 지금부터 적극적으로 미래 산업에 자산들을 배치해야 한다. 미래의 트렌드를 분석하고 방향성을 정하고 과감하게 추진한다면 롯데쇼핑은 과거의 명성을 다시 누릴 수 있을 것이다. 참고로 필자는 롯데쇼핑의 주가가 언제 오를지 그 터닝포인트를 알고 있다. 개인적으로 유통업에 대해 상당 기간 관심 있게 지켜보았기 때문이다. 주식을 레저로 하지 않고 관심 있는 업종을 오래 관찰하다 보면 누구나 그 터닝포인트를 알게 된다.

재고자산회전율을 보면 재고 과다 기업이 보인다

오른쪽의 표를 보면 B사의 매출원가가 6,446억 원이다. 매출원가는 판매된 재고의 원가다. 한마디로 이 회사는 1년 동안 판매한 제품의 원가가 6,446억 원이라는 것이다. 이것을 12개월로 나누면 한 달에 평균적으로 팔리는 원가를 알 수 있다. 약 537억 원 정도가 매월 팔리고 있다. 그럼 기말에 안전재고는 얼마나 있어야 할까? 물론 업종마다 적정재고는 다르다. 통상 3개월 치를 확보했다고 보면 537억 원×3개월=1,611억 원 정도의 재고자산이 추정된다. 그런데 이 회사는 어딘가 이상하다. 표30을 보면 12월 말에 1조 6,000억 원이나 되는 재고자산이 있다.

더 쉽게 분석해보자. 이 회사는 1년 동안 판매한 전체 매출원가가 6,446억 원이다. 그런데 기말에 안전재고를 2배 가까이 갖고 있다. 재고자산이 너무 과다해 보인다. 이 자체가 이상하다는 것이 아니다. 일

표 29 B사 연결포괄손익계산서 [단위: 원]

과 목	주 석	제 19(당) 기	제 18(전) 기
매출액	6,25,34	713,487,407,415	920,921,743,248
매출원가	15,26,34	644,611,863,241	696,792,949,866
매출총이익		68,875,544,174	224,128,793,382

출처: DART, B사 19기 연결감사보고서

표 30 B사 연결재무상태표 [단위: 원]

과 목	주 석	제 19(당) 기 기말	제 18(전) 기 기말
자 산			
유동자산		2,793,376,737,397	2,800,221,116,789
현금및현금성자산	7,8,9,10,12	240,368,869,807	251,366,073,354
단기금융자산	8,9,10,14	330,708,041,695	520,000,000,000
파생상품자산	8,9,10,14	1,498,270,791	3,472,992,595
매출채권및기타수취채권	8,9,10,11,13,34	405,542,813,353	419,123,304,635
재고자산	15	1,696,909,562,665	1,574,799,058,845
당기법인세자산		66,573,143	763,608,706
기타유동자산	18,25	118,282,605,943	30,696,078,654

출처: DART, B사 19기 연결감사보고서

반적인 상식과 다르면 반드시 동종업계와 비교해보자. 동종업계와 비교해봤는데 너무나 과다한 재고라면 그때는 조심스럽게 판단해야 한다. 이처럼 과다한 재고를 쉽게 계산해주는 지표를 재고자산회전 율이라고 한다. 많은 제조업(유통업)이 과다한 재고를 관리하지 못해 위험에 처한다는 사실을 유념해야 한다. 숫자를 좋아하는 분들은 다음과 같이 공식을 써서 기업의 건강을 분석하기도 하지만, 대략 훑어보아도 동일한 결론에 이를 수 있어야 한다. 끊임없이 훈련하다 보면 누구나 그 경지에 도달할 수 있다.

$$\text{재고자산회전율(\%)} = \frac{\text{매출원가}}{\text{(평균)재고자산}} \times 100$$

투자에 확신을 갖고 싶다면

우리에게는 일 안 해도 될 정도로 큰돈을 벌 기회가 종종 찾아온다. 필자에게도 있었다. 대학생 때 롯데월드를 처음 가봤는데, 'Lotte World'라고 쓰인 큰 간판이 눈에 들어왔다. 해석하자면 롯데 세상이라니, 몹시 기분이 상했다. 어떻게 특정 기업이 우리 땅의 일부를 자기 세상이라고 할 수 있단 말인가? 그런데 주위를 찬찬히 둘러보니 실제로 주변이 온통 롯데의 땅이었다. 롯데호텔을 비롯하여 모두 다 롯데의 부동산이었던 것이다.

대학교에서 한 교수님이 이런 말씀을 하신 게 기억났다. 롯데는 우리나라에서 부동산 투자를 가장 잘하는 회사라서 알짜배기 입지를 소유한 대표 땅 부자 그룹이라고 말이다. 롯데그룹의 잠재력을 확인하고는 곧장 부모님께 가서 말씀드렸다. "어머니, 아버지. 오늘 잠실이라는 곳을 놀러 갔다 왔습니다. 그런데 온통 롯데 세상이더군요. 롯데는 제가 경영학 과목에서 배웠는데 우리나라에서 부동산 투자를 가장 잘하는 회사래요. 그러니 잠실의 땅을 사놓으면 어떨까요?" 부모님이 말씀하셨다. "그래, 잠실이 오를 것 같구나. 공부나 열심히 해." 하고 말이다.

그때 내게 종잣돈이 있어 잠실의 땅을 조금이라도 사놓았거나 롯데의 주식을 조금씩 사 모으기 시작했더라면 지금처럼 밤잠 줄여가면서까지 고단하게 살진 않았겠다는 아쉬움이 있다. 여러분에게도 이렇게 큰돈을 벌 기회는 정말 많았을 것이다. 다만, 미래 예측에 확신을 가지기가 어려웠고, 기업을 분석하고 위기를 관리하는 방법이 서투르다 보니 때를 놓치고 말았다. 돈을 벌기 위한 지식은 따로 있는 것이 아니다. 우리의 일상 곳곳에서 돈을 벌 수 있는 신호가 찾아오면 기업을 분석하고, 적기에 투자할 수 있어야 한다.

앞서 언급한 4가지 재무비율은 기업의 건강을 읽어내는 최소한의 스킬이다. 누가 봐도 좋아 보이는 투자의 기회에 재무비율을 활용해서 이성적으로 기업을 분석할 수 있어야 한다. 투자에 확신을 가지려면 돈 버는 기업이 보일 때까지 연습해야 한다.

재무제표 직접 찾아보는 법

상장사의 재무제표는 전자공시시스템(DART, http://dart.fss.or.kr)에서 찾아볼 수 있다. 예를 들어 LG전자의 재무제표를 찾아보고 싶다면 포털사이트에 '전자공시시스템'을 검색하거나 URL을 입력하면 아래와 같은 화면을 볼 수 있다. 회사명에 LG전자를 입력하고 기간을 '전체'로 설정한다. 그리고 카테고리에서 '정기공시'를 클릭하면 선택사항이 나오는데 이때 '전체선택'을 하고 검색 버튼을 누르면 된다.

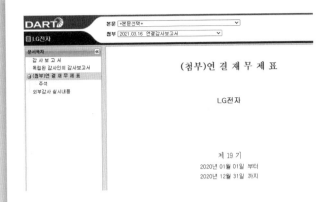

　그러면 사업보고서가 나올 것이다. 사업보고서를 클릭하면 '첨부'에서 '연결감사보고서'를 볼 수 있다. 연결감사보고서는 회계사들에게 재무제표를 감사받았음을 의미하는데, 이것을 클릭하면 재무제표가 나온다. 참고로 상장사들은 종속회사까지 합친 연결재무제표를 기준으로 기업가치를 판단하므로 연결재무제표의 실적을 주로 본다. 왼쪽에 있는 문서 목차에서 '(첨부)연결재무제표'를 클릭하면 재무제표를 볼 수 있다. 각 재무제표가 어떤 정보를 주는지 가볍게 살펴보도록 하자.

기업의 재산 상태를 한눈에 보여주는 재무상태표

　LG전자와 그 종속기업의 자산이 무엇인지 알려준다. 딱딱하게 자산이라고만 생각하지 말고 LG전자의 전략이라고 한번 생각해보자. LG전자는 현금에 가까운 유동자산을 좋아하는지, 아니면 미래의 성장을 위한 실물자산을 좋아하는지 정보를 주고 있다. 그리고 그러한 자산을 형성하는데 외부에서 차입한 부채가 많은지, 아니면 내부적으로 조달한 자본이 많은지도 알려준다. 당연히 부채가 과도한 기업보다 내부적으로 조달한 자금으로 사업하는 회사가 안정적이다. 대신 부채를 너무 안 쓰고 있는 기업이라면 혹시나 현재에 안주하려는 회사는 아닌지 함께 눈여겨봐야 한다.

기업의 수익성을 알 수 있는 손익계산서

LG전자와 종속기업의 수익성을 보여주는 재무제표이다. 크게 3가지의 이익이 있는데, 단연 중요한 것은 영업이익이다. 회사가 본업으로 매년 얼마의 이익을 창출하는지 체크할 수 있다. 하지만 매출총이익도 유념해서 봐야 한다. 왜냐하면 매출총이익은 제품 또는 서비스 자체의 마진율이기 때문이다. 해당 마진율이 계속해서 하락 추세를 보인다면 기존 사업의 매력도는 점점 떨어지고 있는 것이다. 따라서 마진율 자체가 높은 신사업에 대해 고민하지 않는 회사라면 향후 주가는 떨어질 수밖에 없다. 마지막으로 법인세까지 차감한 최종 당기순이익에 대한 정보도 준다. 과거에는 당기순이익보다 영업이익을 월등하게 좋은 지표로 보았지만, 최근에는 반복적으로 발생하는 부업(영업외수익)을 통해 당기순이익을 올릴 수만 있다면 최종 당기순이익이 높은 회사를 좋게 보는 경향이 있다.

진짜 현금의 흐름을 알려서 위기 때 빛을 발하는 현금흐름표

회사의 가계부는 개인들처럼 현금을 기준으로 쓰지 않는다. 외상으로 판매하고 현금을 당장 받지 않았더라도 회계상에서 매출로 인식한다. 따라서 손익계산서의 이익은 현금과 일치하지 않는다. 그런데 문제는 회사가 망하는 이유는 회계상 이익 때문이 아니라 현금유동성이 낮기 때문이다. 따라서 진짜 현금흐름을 표기한 현금흐름표를 반드시 봐야 한다. 현금흐름표는 크게 3가지로 분류되는데, 가장 중요한 것은 '영업활동으로 인한 현금흐름'이다. 아무리 회사가 회계상의 이익이 플러스라고 하더라도 영업활동으로 인한 현금흐름이 마이너스이면 문제가 있지는 않은지 반드시 확인해야 한다.

'투자활동으로 인한 현금흐름'도 있다. 이는 플러스보다 마이너스가 더 좋을 수 있다. 왜냐하면 기업이 계속해서 성장하기 위해서는 꾸준한 투자가 필요하기 때문이다. 만약 투자활동 현금흐름이 플러스라면 미래를 위한 투자보다는 오히려 기존의 자산을 팔아서 사업을 철수하는 상황일 수도 있다. 마지막으로 '재무활동으로 인한 현금흐름'이 있다. 이는 회사가 자금을 조달하는 과정에서 발생하는 현금흐름이다. 부채와 자본을 적절하게 혼합해서 자금을 조달해 투자하고, 결국 영업활동에서 좋은 현금흐름이 발생하는 기업이 최적의 회사일 것이다.

자본의 변동 내역을 보여주는 자본변동표

자본의 주요 항목과 금액의 변동 내역을 보여주는 재무제표이다. 회사가 주식을 발행하여 자금을 조달한 내역은 '납입자본'이라는 항목으로 기입한다. '이익잉여금'은 회사가 그동안 손익활동을 통해 벌어들인 이익이 쌓인 상태를 말한다. 여기서 주의할 점은 이익잉여금이 크다고 회사에 진짜 현금이 많다는 뜻은 아니다. 과거에 돈을 많이 벌었다는 의미이기는 하지만, 이 돈을 이미 실물에 지출해버렸을 수 있으므로 항상 재무상태표를 함께 봐야 한다. 그래도 과거에 이익을 많이 냈던 이익잉여금을 재원으로 자산들을 매입했으니 좋은 것은 사실이다.

자본변동표에는 어려운 용어가 있는데 '기타포괄손익누계액'이라는 항목이다. 사실 회계용어는 길수록 더 쉽다. 용어에 그 뜻이 담겨 있기 때문이다. 예를 들어 토지 등의 자산가격이 100억 원에서 200억 원으로 오를 수 있는데 이를 평가이익이라고 한다. 진짜 실현된 이익은 아니니까 손익계산서에 반영할 수는 없고, 자본에 그 평가상 이익을 '기타포괄손익누계액'이라고 따로 누적해놓는 것이다. 이 또한 언제든지 팔아버리면 이익이 되므로 기왕이면 플러스가 나야 좋을 것이다.

부족한 2%를 채워주는 정보의 바다, 주석

주석에는 앞서 4가지 재무제표에서 다루지 못했던 추가적인 정보들이 많이 담겨 있다. 가장 대표적인 정보는 '비용의 성격별 분류'이다. 손익계산서는 기능별(매출원가, 판매관리비, 영업외비용)로 원가 정보를 주고 있는 반면에 성격별 분류는 원재료 사용액, 종업원 급여, 감가상각비 등의 정보를 알려주어 기업을 판단하는 데 꽤 유용하게 사용된다. 또 중요한 것이 특수관계자에 대한 정보이다. 회사가 혹시나 옳지 않은 기업경영을 할 때는 특수관계자(관계기업, 종속회사, 그 외 의사결정에 영향을 미치는 관계사)와 하는 경우가 많으므로 특수관계자와의 거래가 많은 기업은 더 유심히 살펴야 한다.

PART 4

{ 완성 }
업종별 재무제표 공략법

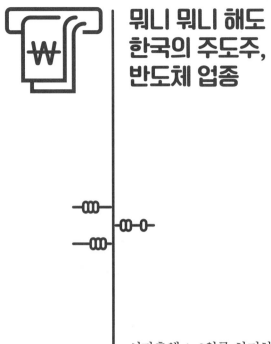

뭐니 뭐니 해도
한국의 주도주,
반도체 업종

시가총액 1, 2위를 차지하고 있는 반도체 업종. 그것이 알고 싶다. 반도체 업종은 자산 내역 중에 기계장치의 비중이 크다. 이를 통해 반도체는 기계장치에 의해 사업성이 좌우지된다는 것을 알 수 있다. 이는 대표적인 반도체 업종인 삼성전자와 SK하이닉스에 그대로 드러난다. 기업의 유형자산을 살펴보면 일반적으로 토지와 건물 금액의 비중이 크다. 하지만 두 기업 모두 기계장치의 비중이 크다는 것을 통해 여기서 대다수의 수익이 창출된다는 것을 알 수 있다. 각 기업의 유형자산 세부내역을 보자. 재무제표의 주석 사항을 살펴보면 된다. 표31에 따르면 삼성전자는 기계장치의 기말장부금액이 52조 원으로 토지와 건물보다 월등하게 많다는 것을 알 수 있다.

표 31 삼성전자 유형자산 내역
(단위: 100만 원)

구 분	토지	건물및구축물	기계장치	건설중인자산	기타	계
기초장부금액	9,346,285	29,345,910	63,816,231	9,705,056	3,203,242	115,416,724
- 취득원가	9,346,285	45,033,843	206,407,913	9,705,056	8,665,069	279,158,166
- 감가상각누계액(손상 포함)	–	(15,687,933)	(142,591,682)	–	(5,461,827)	(163,741,442)
일반취득 및 자본적지출(*1)	144,291	1,760,347	10,488,174	14,490,901	1,136,367	28,020,080
사업결합으로 인한 취득	2,310	21,481	381,117	7,488	5,262	417,658
감가상각	(31,118)	(2,658,371)	(22,664,896)	–	(1,219,431)	(26,573,816)
처분·폐기	(97,930)	(287,546)	(180,627)	(577)	(75,218)	(641,898)
손상(환입)	–	–	(85,215)	–	(8,344)	(93,559)
기타(*2)	410,716	2,287,799	395,152	(272,849)	459,467	3,280,285
기말장부금액	9,774,554	30,469,620	52,149,936	23,930,019	3,501,345	119,825,474
- 취득원가	9,828,309	48,839,439	211,416,021	23,930,019	10,061,981	304,075,769
- 감가상각누계액(손상 포함)	(53,755)	(18,369,819)	(159,266,085)	–	(6,560,636)	(184,250,295)

출처: DART, 삼성전자 51기 연결감사보고서, 주석

표 32 SK하이닉스 유형자산 내역
(단위: 100만 원)

구 분	토지	건물	구축물	기계장치	차량운반구	기타의유형자산	건설중인자산	합 계
기초장부금액	1,020,229	4,529,947	1,281,816	22,642,498	11,315	623,311	4,843,501	34,952,617
기업회계기준서 제1116호도입으로 인한 조정	–	–	–	(73,069)	–	–	–	(73,069)
조정 후 기초장부금액	1,020,229	4,529,947	1,281,816	22,569,429	11,315	623,311	4,843,501	34,879,548
취득	16,882	375,243	325,189	8,428,185	1,715	328,079	3,100,165	12,575,458
처분 및 폐기	(48)	(447)	(432)	(37,468)	(3)	(1,110)	(337)	(39,845)
감가상각	–	(211,287)	(95,114)	(6,952,920)	(2,124)	(250,349)	–	(7,511,794)
대체(*)	3,051	848,071	106,110	2,982,080	32,184	62,397	(4,032,788)	1,105
환율변동 등	1,657	6,217	1,495	(15,036)	9	1,715	49,411	45,468
기말장부금액	1,041,771	5,547,744	1,619,064	26,974,270	43,096	764,043	3,959,952	39,949,940
취득원가	1,041,771	6,794,238	2,193,817	67,650,975	48,061	1,882,254	3,959,952	83,571,068
감가상각누계액	–	(1,207,184)	(555,649)	(40,510,568)	(4,949)	(1,118,187)	–	(43,396,537)
손상차손누계액	–	(23,699)	(19,104)	(163,270)	–	(24)	–	(206,097)
정부보조금	–	(15,611)	–	(2,867)	(16)	–	–	(18,494)
기말장부금액	1,041,771	5,547,744	1,619,064	26,974,270	43,096	764,043	3,959,952	39,949,940

출처: DART, SK하이닉스 72기 연결감사보고서, 주석

표 33 삼성전자의 유형자산 내용연수

구 분	대표추정내용연수
건물 및 구축물	15, 30 년
기계장치	5 년
기타	5 년

출처: DART, 삼성전자 51기 연결감사보고서, 주석

표 34 SK하이닉스 유형자산 내용연수

과 목	추정내용연수
건물	10 ~ 50년
구축물	10 ~ 30년
기계장치	4 ~ 15년
차량운반구	4 ~ 10년
기타의유형자산	3 ~ 15년

출처: DART, SK하이닉스 72기 연결감사보고서, 주석

　SK하이닉스 역시 표32를 보면 기계장치의 장부금액이 압도적으로 크다. 토지와 건물을 합쳐도 기말장부금액이 6조 원대인 것에 비하면 기계장치의 기말장부금액은 26조 원이나 된다. 이때 재무제표에서 함께 살펴봐야 할 요소가 있다. 주력 자산인 기계장치를 몇 년이나 쓸 수 있는지를 나타내는 내용연수이다.

　각 회사의 유형자산 내용연수를 보자. 표33을 보면 삼성전자는 기계장치의 내용연수를 5년으로 짧게 잡고 있으며, 기계장치의 감가상각비를 비용처리하고 있다. 표34를 보면 SK하이닉스는 기계장치를 4~15년으로 보고 최대 15년까지 나누어 기계장치의 감가상각비를 비용처리하고 있다. 삼성전자가 기계장치 내용연수에 대해 조금 더 보수적으로 짧게 처리하고 있음을 알 수 있다.

　그럼에도 불구하고 삼성전자의 영업이익이 더 좋다면 짧은 기간 내에 비용처리를 많이 하면서도 매출액이 더 좋다는 의미이다. 다만, 주의할 것은 만약 해당 내용연수가 실제적인 내용연수라면 삼성전자의 기계장치들은 5년이 지나면 새것으로 바꾸어야 한다는 부담감이

있다. 교체주기가 짧으면 그만큼 현금 지출도 많으므로 주의해야 한다. 그렇다면 결국 교체주기를 감당할 수 있느냐를 살펴보아야 할 것이다. 반도체 업종의 영업이익을 분석함으로써 알 수 있다.

판매가격이 영업이익을 좌우한다

반도체 업종은 매출액 변화에 따른 영업이익의 변화가 크다. 즉, 고정비 비중이 크다는 뜻이다. 고정비는 말 그대로 고정된 비용이므로, 매출액이 증가해도 고정비는 증가하지 않는다. 따라서 고정비 비중이 많은 반도체 업종은 매출액이 크게 증가하면 영업이익은 그 이상으로 크게 증가한다. 반대로 매출액이 크게 감소하면 그에 반해 고정비는 감소하지 않는다. 고정되어 있으니까 고정비 아니겠는가. 이때 영업이익은 큰 폭으로 하락하는 것을 알 수 있다. 표35는 삼성전자의 손익계산서이다.

매출액이 감소함에 따라 영업이익이 큰 폭으로 감소함을 볼 수 있다. 매출액이 전기에 243조 원에서 당기에 230조 원으로 감소하자 영업이익률은 23%에서 11%로 크게 감소했다(표36). 표37에서 SK하이닉스의 손익지표를 보면 반도체 업종의 고정비 특징이 더 크게 나타난다. 매출액이 전기에 40조 원에서 당기에 26조 원으로 감소하자 영업이익률은 51%에서 10%로 크게 감소했다(표38).

재미난 것은 매출원가이다. 매출액이 크게 감소했음에도 불구하고

표 35 삼성전자 손익계산서

[단위: 100만 원]

과　　　목	주석	제 51 (당) 기		제 50 (전) 기
Ⅰ. 매 출 액	31	230,400,881	←	243,771,415
Ⅱ. 매 출 원 가	23	147,239,549	←	132,394,411
Ⅲ. 매 출 총 이 익		83,161,332		111,377,004
판매비와관리비	23, 24	55,392,823		52,490,335
Ⅴ. 영 업 이 익		27,768,509	←	58,886,669

출처: DART, 삼성전자 51기 연결감사보고서

표 36 삼성전자 영업이익률

[단위:%]

	제51기	제50기
매출총이익률	36.1	45.7
영업이익률	11.7	23.9

표 37 SK하이닉스 손익계산서

[단위: 100만 원]

과　　　목	주석	제 72기		제 71 기
Ⅰ. 매출액	4,27,34	26,990,733	←	40,445,066
Ⅱ. 매출원가	29,34	18,825,275	←	15,180,838
Ⅲ. 매출총이익		8,165,458		25,264,228
판매비와관리비	28,29	5,452,740		4,420,478
Ⅳ. 영업이익		2,712,718	←	20,843,750

출처: DART, SK하이닉스 72기 연결감사보고서, 주석

표 38 SK하이닉스 영업이익률

[단위:%]

	제72기	제71기
매출총이익률	30.3	62.5
영업이익률	10.1	51.5

매출원가는 오히려 증가했다. 아무리 고정비 비중이 큰 반도체 업종이라고 해도 좀 이상하지 않은가? 매출액이 감소했다면 매출원가가 감소하거나 최소한 그대로 유지되어야 하는데, 오히려 증가한 것이다. 여기서 재무제표를 통해 반도체 업종의 또 다른 특징을 알 수 있다.

매출액은 판매수량×판매가격으로 형성된다. 이때 매출액이 줄어

든 원인은 2가지로 볼 수 있다. 판매수량이 감소하거나 판매가격이 하락한 것이다. 만약 판매수량이 감소했다면 그만큼 원재료 등의 변동비도 함께 감소했을 것이다. 따라서 매출액이 감소하면 매출원가가 고정비를 제외하고는 일부 줄어들어야 한다. 그런데 SK하이닉스와 삼성전자의 손익계산서를 살펴보면 매출액이 크게 감소했음에도 불구하고 매출원가가 증가했다는 것은 판매가격이 떨어졌다는 것을 유추해석 할 수 있다. 이것은 최악의 상황이다.

심지어 판매수량은 늘어나서 이를 생산하기 위한 원재료나 고정비는 증가했는데 판매가격만 하락해서 매출액은 감소하고 매출원가는 오히려 증가하는 현상을 맞이할 수도 있다. 이로 인해 매출총이익률이 급격하게 떨어졌다. 매출총이익률은 사업 자체의 마진율을 보여준다고 했다. 반도체 업종은 판매가격의 변동성이 크다는 것을 알 수 있다.

따라서 반도체 업종은 판매수량 측면의 호황과 불황도 중요하지만, 수요와 공급에 의한 판매가격의 추이를 잘 살펴보아야 한다. 반도체 업종의 호황이 예상되더라도 반도체 기업들이 예측하고 어마어마한 생산시설 투자를 해놨다면 공급량이 크게 증가하면서 판매가격이 하락할 수 있기 때문이다. 이 경우 개별 기업들은 생산설비로 고정비가 증가하는 반면 판매가격이 크게 하락하면서 수익성이 오히려 악화될 수 있다. 그러니 반도체 업종은 단순히 호황과 불황만 따질 것이 아니라 '경쟁 상대의 생산설비'가 매우 중요한 체크포인트라고 할 수 있다.

감가상각비 비중이 큰 반도체 업종

다음 페이지의 표39는 삼성전자의 비용 구조이다. 재무제표의 주석을 찾아보면 해당 기업의 성격별 비용 구조를 알 수 있다. 삼성전자는 제조업인데도 불구하고 원재료 비중은 36%로 낮은 비중을 차지하고 있다. 나중에 살펴볼 현대자동차 등의 제조업과 비교하면 얼마나 적은 비율인지 알 수 있다. 대신 감가상각비 비중이 다른 제조업에 비해 상대적으로 큰 11%를 차지하고 있다. 표40에서 SK하이닉스의 비용 구조를 보면 반도체 업종의 비용 특징이 더욱 뚜렷하게 드러난다. SK하이닉스의 비용 중 감가상각비 비중은 당기가 31%, 전기가 15%이다. 다른 비용 항목보다 월등하게 크다.

이러한 현상은 충분히 예상되었다. 왜냐하면 재무상태표에서 반도체 업종의 자산 중 기계장치의 비중이 크고, 그로 인한 감가상각비 비중도 당연히 클 것이라고 예상되기 때문이다. 그런데 여기서 궁금해진다. SK하이닉스의 감가상각비 비중이 전기 15%에서 당기 31%로 큰 차이를 보인다. 감가상각비는 한 번 투자하면 계속 발생하는 고정비이기 때문이다. 매출액이 전기 대비 크게 감소했음에도 불구하고 고정비인 감가상각비는 그대로 발생하므로 매출액 대비 감가상각비 비중이 크게 증가하는 것이다.

이러한 효과를 배제하더라도 전기의 비용 비중을 보면 감가상각비가 원재료보다 큰 비중을 차지하고 있다. 결국 반도체 업종은 다른

표 39 삼성전자 비용의 성격별 분류

	당기		전기	
매출액	230,400,881		243,771,415	
제품 및 재공품 등의 변동	1,900,859	0.8	(5,484,269)	-2.2
원재료 등의 사용액 및 상품매입액 등	83,443,554	36.2	79,808,215	32.7
급여	22,453,030	9.7	22,727,468	9.3
퇴직급여	1,171,606	0.5	958,793	0.4
감가상각비	26,573,816	11.5	25,167,112	10.3
무형자산상각비	3,023,822	1.3	1,314,925	0.5
복리후생비	4,489,617	1.9	4,095,722	1.7
유틸리티비	4,451,765	1.9	4,335,464	1.8
외주용역비	5,181,792	2.2	4,921,791	2.0
광고선전비	4,614,525	2.0	3,998,491	1.6
판매촉진비	6,678,078	2.9	7,113,183	2.9
기타 비용	38,649,908	16.8	35,927,851	14.7
합계	202,632,372	87.9	184,884,746	75.8

출처: DART, 삼성전자 51기 연결감사보고서, 주석

표 40 SK하이닉스 비용의 성격별 분류

	당기		전기	
매출액	26,990,733		40,445,066	
제품 및 재공품의 변동	-523,777	-1.9	-1,473,125	-3.6
원재료, 저장품 및 소모품 사용	6,746,715	25.0	5,659,357	14.0
종업원 급여	3,411,234	12.6	3,669,809	9.1
감가상각비 등	8,493,295	31.5	6,309,070	15.6
기술료	137,157	0.5	172,615	0.4
지급수수료	2,078,900	7.7	1,675,122	4.1
동력 및 수도광열비	1,355,547	5.0	1,131,394	2.8
수선비	1,071,976	4.0	1,023,685	2.5
외주가공비	1,201,938	4.5	1,072,241	2.7
기타	305,030	1.1	361,148	0.9
합계	24,278,015	89.9	19,601,316	48.5

출처: DART, SK하이닉스 72기 연결감사보고서, 주석

제조업에 비해 감가상각비 비중이 큰 편이며, 감가상각비는 고정비이므로 매출액 변화에 따라 부담 정도가 크게 달라진다는 것을 알 수 있다. 따라서 반도체 업종은 매출액이 호황일 때와 불황일 때의 명암이 타 업종에 비해서 크다는 것을 반드시 알아야 한다. 특히 호황이 단순히 판매수량의 증가를 나타내는 것이 아니라 판매가격이 올라가는 호황이어야 주가 상승에도 우호적이라는 점을 기억하자.

투자 팁: 반도체는 뉴스만 봐도 매수매도 타이밍을 맞힐 수 있다

반도체 업종의 특징을 알고 나면 투자하기 쉬워진다. 즉, 업종 특유의 비용 구조 때문에 호황 때 투자하면 더욱 좋아지고, 불황 때 투자하면 더욱 힘들어진다. 따라서 이 사이클을 잘 이용하면 투자 타이밍을 잡기가 타 업종에 비해 수월한 편이다. 특히 반도체 기업의 호황과 불황은 '판매가격'에 크게 좌우되므로, 이를 잘 예측하면 투자 타이밍을 잡기가 쉽다. 물론 미래의 판매가격을 예측하는 것은 신의 영역이지만 반도체 업종은 어느 정도 예상할 수 있다. 주요 반도체 회사들의 재무제표에서 기계장치와 감가상각비 비중을 통해 알 수 있다.

주요 반도체 기업들이 기계장치 등의 설비투자를 적극적으로 하지 않는 상황에서 반도체 수요가 는다는 소식이 들리면 반도체 기업에 투자하기에 적기이다. 설사 뉴스를 늦게 들었더라도 이미 주가가 올라버린 것 아니냐고 의심하지 마라. 뉴스를 가장 먼저 접하고 미리 반도체 기업에 투자한 사람이 가장 큰 수익을 올렸겠지만, 조금 늦더라도 반도체 업종의 특성상 설비투자하는 물리적 시간이 필요하므로 여유가 있다. 반대로 주요 반도체 기업들이 호황에 설비투자를 본격적으로 늘리기 시작하면 서서히 판매가격이 안정을 되찾고, 그 이상으로 공급을 늘리면 판매가격이 하락하여 그 시기에 매도 타이밍을 잡으면 된다.

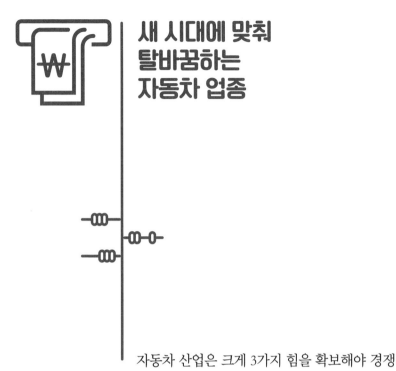

새 시대에 맞춰 탈바꿈하는 자동차 업종

　　자동차 산업은 크게 3가지 힘을 확보해야 경쟁력이 있다. '제품력'과 '마케팅력', 그리고 '비용 경쟁력'이다. 신차에서 제품력을 확보하려면 결국 비용을 써야 하고, 마케팅력을 올리기 위해서도 결국 비용을 지불해야 한다. 그렇다면 결국 신차와 마케팅을 위해 어느 정도의 자금 지불 능력이 있느냐가 관건이 될 것이다. 회사 자체의 자금력이어도 좋고, 외부에서 투자를 일으킬 수 있는 능력이어도 좋다.

　　외부에서 투자를 이끌어내려면 미래의 자동차, 즉 전기차와 수소차, 무인자동차에서 승부를 보아야 할 것이다. 테슬라가 수많은 투자자에게 러브콜을 받는 것은 그 업계에서 선두에 있기 때문이다. 물론 테슬라는 자동차 업종 그 이상의 회사이지만 중간매개체인 하드웨어의 운송장비가 필요할 테니, 그것을 총칭해 자동차(완성차)라 표현하겠다. 현재 전기차와 자율주행차에 대한 이야기가 워낙 많으므로 여기서는 자동차 업종의 손익구조에 대해 자세히 들여다보겠다. 또한 어떤 점이 개선되어야 기업가치에 좋은 영향을 미치는지 살펴보겠다.

원재료 비중이 큰 자동차 업종

표41에 따르면 현대자동차의 비용 구조를 알 수 있다. 원재료 비중이 매출액 대비 58%를 차지하므로 충분한 영업이익을 올리기 어려운 구조이다. 표42에서 재무제표를 통해 확인해보자. 52기 영업이익률은 3.4%로 그리 높지 않다. 또 하나의 특징은 감가상각비가 2조 원인데, 종업원의 급여는 9조 원으로 인건비 비중이 매우 높다. 자동차 업종은 협력업체가 수천 개에 달하고 종업원이 수만 명에 이르기 때문에 원재료와 인건비의 비중이 매우 크다. 완성차 업종은 반도체 업종과 다르게 기계장치보다 사람에 의해 상당 부분이 좌우된다는 것을 알 수 있다. 따라서 해당 부분의 원가를 어떻게 관리하느냐가 수익성을 개선할 수 있는 판단 지표가 될 것이다.

현대자동차의 원재료와 인건비 이슈는 수많은 협력사와 고용의 문제이므로 이는 한국 산업에 미치는 영향이 크다. 따라서 기존의 원재료와 인건비를 잘 활용하여 부가가치를 올릴 수 있는지에 대한 검토

표 41 현대자동차 비용의 성격별 분류

[단위: 100만 원, %]

	당기		전기	
매출액	105,746,422		96,812,609	
재고자산의 변동	(400,318)	-0.4	(310,180)	-0.3
원재료 및 상품 사용액	62,258,658	58.9	56,845,459	58.7
종업원 급여	9,396,921	8.9	8,893,878	9.2
감가상각비	2,545,183	2.4	2,357,887	2.4
무형자산상각비	1,286,689	1.2	1,403,582	1.4
기타	28,511,209	27.0	26,686,855	27.6
합계	103,598,342	98.0	95,877,481	99.0

출처: DART, 현대자동차 52기 연결감사보고서, 주석

표 42 현대자동차 손익계산서

[단위: 100만 원, %]

	제52기	제51기
매출액	105,746,422	96,812,609
매출원가	88,091,409	81,670,479
매출총이익	17,655,013	15,142,130
판매비와 관리비	14,049,508	12,719,965
영업이익	3,605,505	2,422,165
매출총이익률	16.7	15.6
영업이익률	3.4	2.5
당기순이익률	3.0	1.7

출처: DART, 현대자동차 52기 연결감사보고서

표 43 현대자동차 매출 현황

[단위: 100만 원]

매출유형	품 목		2019년(제52기)	2018년(제51기)	2017년(제50기)
제품	승용	내 수	9,549,303	9,327,379	10,465,675
		수 출	6,407,273	7,032,150	8,859,367
		합 계	15,956,577	16,359,529	19,325,042
	RV	내 수	7,035,804	5,547,436	3,069,745
		수 출	13,711,386	9,189,558	7,382,774
		합 계	20,747,191	14,736,994	10,452,519
	소형 상용	내 수	2,644,355	2,831,789	2,740,391
		수 출	808,975	868,714	941,598
		합 계	3,453,330	3,700,503	3,681,989

출처: DART, 현대자동차 52기 사업보고서, 사업의 내용

가 필요해 보인다. 이왕이면 판매가가 높거나 수익성이 높은 제품군 위주로 자원 배치를 하는 전략을 취해야 할 것이다. 그밖에 재무제표를 통해 자동차 업종에 대하여 무엇을 예측할 수 있을까?

표43에 따르면 2017년도만 해도 승용차 매출액 현황이 내수와 수출에서 모두 높았으나, 2019년도에는 내수와 수출 모든 분야에서 RV차량(Recreational Vehicle, 레저용으로 쓰기에 적합한 차량으로 미니밴, SUV, 소형 승합차 등이 있다) 매출액이 크게 성장했다. RV차량에 대한 신차와 마케팅 비용이 절실함을 알 수 있다. 전기차 시대가 다가오는 상황에서 큰 출력을 요구하는 RV차량까지도 내연기관차처럼 달리게 하는 자동차 회사가 미래에 주도권을 가질 것으로 보인다.

광고선전비와 판매보증비용이 많이 발생한다

표44에서 현대자동차의 판관비 내역을 살펴보자. 완성차 업계의 핵심 경쟁력 중에 하나인 마케팅력을 향상하기 위해 현대자동차는 광고선전비와 판촉비를 2조 5,000억 원 정도 지불하고 있다. 현대자동차의 감가상각비가 한해 2조 5,000억 원이므로 광고선전비와 판촉비 지출액이 상당히 크다는 것을 알 수 있다. 신차 출시 등을 위해 마케팅 비용은 지불할 수밖에 없을 것이다. 그 이상으로 더 큰 비용이 발생하는 항목이 판매보증비용이다.

판매보증비용은 판매 촉진 차원에서 보증기간을 늘리거나 고객 서

표 44 현대자동차 판매비 내역 (단위: 100만 원)

구분	당기	전기
판매비:		
수출비	77,962	88,246
해외시장개척비	382,220	403,541
광고선전비 및 판매활동촉진비	2,551,347	2,308,527
판매수수료	801,798	726,265
판매보증비용	2,609,744	1,998,143
운반보관비	122,997	116,791
소계	6,546,068	5,641,513

출처: DART, 현대자동차 52기 연결감사보고서, 주석

비스를 강화하는 데 따른 비용과 대규모 리콜 사태로 인한 충당금 설정 등이 포함된 비용이다. 이 또한 자동차 판매량이 늘어나면 덩달아 증가할 수밖에 없는 비용이다. 하지만 상기의 원재료와 인건비 비중을 감안한다면 생산 단계에서 결함을 최소화하여 대규모 리콜 사태 등을 미연에 방지하여 이 비용을 감축시켜야 할 것이다.

유형자산 비중이 작다

현대자동차의 자산내역을 살펴보면 표45와 같다. 기업의 주력 자산인 유형자산이 16%대로 생각보다 작다. 금융업 채권이라는 것이 유동자산과 비유동자산에 각각 15%, 16%를 차지하고 있는데, 이는 현대자동차가 자동차 사업뿐만 아니라 금융업을 함께 하기 때문이다. 소비자 입장에서는 고가의 자동차를 일시금을 주고 사는 경우가 많지 않다. 따라서 금융 프로그램과 연계해서 자동차 업종과의 시너

표 45 현대자동차 자산 내역

(단위: 100만 원, %)

	제52기말		제51기말	
자산				
I. 유동자산		76,082,873		73,008,101
1. 현금 및 현금성 자산	8,681,971	4.5	9,113,625	5.0
2. 단기금융상품	7,292,626	3.7	7,936,319	4.4
3. 기타금융자산	9,449,913	4.9	9,755,725	5.4
4. 매출채권	3,513,090	1.8	3,595,993	2.0
5. 기타채권	3,402,059	1.7	3,291,847	1.8
6. 재고자산	11,663,848	6.0	10,714,858	5.9
7. 기타자산	1,777,627	0.9	1,770,682	1.0
8. 당기법인세자산	112,046	0.1	97,271	0.1
9. 금융업채권	30,178,200	15.5	25,864,589	14.3
10. 매각예정비유동자산	11,493	0.0	867,192	0.5
II. 비유동자산		118,429,347		107,647,651
1. 장기금융상품	803,262	0.4	112,394	0.1
2. 기타금융자산	3,059,526	1.6	2,223,358	1.2
3. 장기성매출채권	127,430	0.1	136,777	0.1
4. 기타채권	705,154	0.4	755,088	0.4
5. 기타자산	865,767	0.4	711,299	0.4
6. 유형자산	32,831,524	16.9	30,545,608	16.9
7. 투자부동산	171,494	0.1	189,334	0.1
8. 무형자산	5,266,496	2.7	4,921,383	2.7
9. 공동기업 및 관계기업투자	18,375,290	9.4	17,143,239	9.5
10. 이연법인세자산	2,340,096	1.2	1,846,330	1.0
11. 금융업채권	32,080,426	16.5	28,637,075	15.9
12. 운용리스자산	21,068,340	10.8	20,425,766	11.3
13. 사용권자산	734,542	0.4	0	0.0
자산총계		194,512,220		180,655,752

출처: DART, 현대자동차 52기 연결감사보고서

표 46 현대자동차 부문별 재무정보   (단위: 100만 원, %)

구분		2019년(제52기)		2018년(제51기)		2017년(제50기)	
		금액	비중	금액	비중	금액	비중
차량 부문	매출액	127,898,539	83.4	114,448,752	83.1	111,479,729	82.6
	영업이익	2,618,009	72.6	1,062,241	55.5	2,585,413	71.0
	총 자산	107,555,519	51.2	100,302,183	51.7	99,724,673	52.1
금융 부문	매출액	16,735,027	10.9	15,284,427	11.1	15,744,881	11.7
	영업이익	887,983	24.6	746,612	39.0	718,137	19.7
	총 자산	93,803,198	44.7	85,725,929	44.2	84,016,995	43.9
기타 부문	매출액	8,794,298	5.7	7,954,215	5.8	7,741,527	5.7
	영업이익	99,471	2.8	105,295	5.5	338,792	9.3
	총 자산	8,541,669	4.1	7,930,963	4.1	7,604,015	4.0

출처: DART, 현대자동차 52기 사업보고서, 사업의 내용

지를 내는 모습은 유효하다고 판단된다.

자세한 내용은 표46에서 현대자동차의 부문별 재무정보를 살펴보자. 매출액 비중은 자동차 부문이 절대적이며, 영업이익 비중은 매출액 대비 상대적으로 금융 부문에서 좋다고 볼 수 있다. 기업 차원에서 현대자동차는 다양한 금융 프로그램을 개발하여 금융에서의 수익성을 더 내도록 적극적으로 장려하는 것이 좋겠다. 현대차는 미래에 어쩌면 자동차가 주 업종이 아니라 자동차라는 플랫폼을 이용해 금융 사업으로의 진출 확대도 적극적으로 고려해야 할지 모른다.

투자 팁: 현대차는 조정 올 때마다 꼭꼭 사서 쟁여두어라

현대자동차의 2019년 말 연결재무상태표 상의 지배기업 소유주 지분은 70조 원이다. 이에 반해 시가총액은 50조 원으로 PBR(Price Book

Value Raion, 주가가 한 주당 몇 배로 매매되는지를 보여주는 지표로 보통 1보다 작으면 주가 수준이 총자산보다 낮게 평가된다고 본다)은 시가총액÷순자산가액 =0.89 수준이다. 2차전지의 모멘텀을 가지고 있는 LG화학의 PBR이 3.5(2021년 4월 초 기준)인 것과 비교하면 완성차 업체인 현대자동차의 기업가치는 아직 전기차와 무인자동차의 성장성이 주가에 제대로 반영되지 않은 상태로 보인다. 아직 현대자동차가 그에 대한 완전히 준비된 것이 아니므로 당연한 결과이다. 결국 현대자동차는 향후 밸류에이션을 높게 받을 수 있는 전기차와 자율주행차에 대한 준비가 될 것이므로 조정이 올 때마다 분할매수를 해둔다면 중장기적으로는 웬만한 금융상품보다 높은 수익률을 안겨다 줄 것이다.

현대차그룹은 애플과의 협력 여부에 따라 주가가 크게 흔들렸다. 그러나 현대차그룹은 이미 전기차와 자율주행차 노선에 합류했다. 그리고 그것을 해낼 수 있는 자산도 충분한 상황이다. 따라서 글로벌 기업과 협력하면 그 자체로도 좋을 것이고, 현대차가 독자적으로 개발한다고 해도 장기적으로 좋아질 것이라고 확신할 수 있는 영역에 들어섰다.

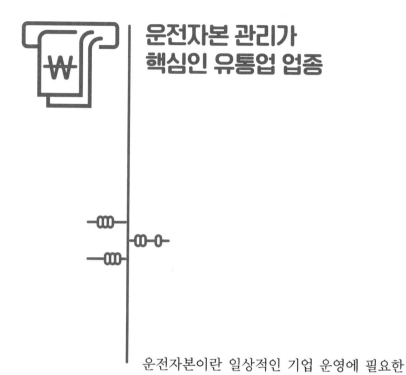

운전자본 관리가
핵심인 유통업 업종

운전자본이란 일상적인 기업 운영에 필요한 자본이다. 쉽게 말해 사업하다 보면 돈의 유입과 유출에 시차가 발생하는데, 그 사이에서 윤활유 역할을 해주는 운영자금이다. 예를 들어 11월에 외상으로 100억 원의 매출을 올렸다고 보자. 매출대금(채권)은 3개월 후에 받기로 했다. 그런데 다음 매출을 위해 상품을 미리 사와야 한다. 이때 매출채권은 아직 회수되지 않았지만, 당장 상품매입을 위한 현금(자금)이 필요하다. 이러한 자금을 운전자본이라고 한다. 그런데 운전자본이 왜 중요하냐면, 이 자금이 순간적으로 부족하면 기업이 부도날 수 있기 때문이다.

쉬운 예를 들어 설명해보겠다. 한 신입사원의 월급이 200만 원이라고 하자. 이번 달에 신용카드로 500만 원을 지출했다. 카드사에서 이번 달 카드 대금을 지불하라고 통지서가 왔는데, 이 신입사원은 월급으로 들어온 200만 원 외에 여윳돈이 없다. 그러자 카드사는 이번 달 카드 대금을 완납하지 못하면 신용불량자로 등록하겠다고 통보했다. 신입사원이 억울해하며 하소연했다. "저를 어떻게 보고 이럽니까? 저는 계속 돈을 벌 텐데요. 오늘 500만 원을 못 갚았다고 신용불량자가 된다는 게 말이 되나요?"

카드사는 몇 개월이 지나도 결국 갚지 않으면 이 신입사원을 신용불량자로 등록할 것이다. 여유자금 300만 원만 있어도 이런 수모를 겪지는 않았을 것이다. 이러한 여유자금을 운전자본이라고 한다. 기업들이 운전자본을 간과하면 흑자 부도가 나는 것이다. 흑자 부도는 은근히 자주 일어난다. 회계상으로는 분명히 이익이 났지만 당장 은행에 지불해야 할 이자나 거래처에 지급해야 하는 매입채무 대금이 없다면 부도날 수도 있는 것이다. 따라서 운전자본 관리가 적절하게 되지 않으면 아무리 좋은 회사라도 순간적으로 유동성이 악화되어 기업이 위험에 빠질 수도 있다.

오프라인 유통업의 엄청난 운전자본, 재고자산

표47은 이마트의 유동자산 내역이다. 재고자산 금액을 살펴보면 거의 1조 원에 가깝다. 즉, 유통업을 운영하기 위해서는 1조 원가량

표 47 이마트 재무상태표 (단위: 원)

과　　목	주석	제 9 (당) 기	제 8 (전) 기
자산			
유동자산		1,806,545,883,113	1,381,674,241,728
현금및현금성자산	4,5,6	200,487,942,854	13,648,131,866
매출채권 및 기타수취채권	4,5,8,37	341,605,436,617	383,408,681,700
재고자산	9	915,002,166,402	849,898,084,751
당기손익-공정가치 측정 금융자산	4,5,14	213,394,606,187	–
기타단기금융자산	4,5,7,16	112,571,734,450	99,141,300,000
단기파생상품자산	4,5,15	6,143,286,479	

출처: DART, 이마트 9기 감사보고서, 재무상태표

표 48 이마트 손익계산서 (단위: 원)

과　　목	주석	제 9 (당) 기	제 8 (전) 기
매출액	28,37	13,154,820,005,943	13,148,336,659,460
매출원가	29,37	9,527,689,215,268	9,338,644,059,252
매출총이익		3,627,130,790,675	3,809,692,600,208
판매비와관리비	29,30,37	3,375,990,318,203	3,320,354,768,062
영업이익		251,140,472,472	489,337,832,146

출처: DART, 이마트 9기 감사보고서, 손익계산서

표 49 이마트 주석 사항 (단위: 100만 원)

구　분	2019.12.31			
	매입채무	미지급금	미지급비용 등	합　계
일반채무	737,060	150,747	127,121	1,014,928
특수관계자채무(*)	52,401	118,636	–	171,037
사회보장부담금 등	–	14,602	–	14,602
합　계	789,461	283,985	127,121	1,200,567

출처: DART, 이마트 9기 감사보고서, 주석

의 상품을 미리 확보해놓아야 한다는 것이다. 매출은 안 일어났는데 준비 작업으로 기말에 1조 원의 안전재고를 매입해놓아야 하니 그만큼 운전자본이 필요하고, 해당 운전자본이 물건으로 묶여버린다. 사실 1조 원 정도면 굵직한 기업 하나를 살 수 있는 상당한 자금이다.

다행히 이마트의 매출과 비교하니 이마트가 재고자산이라는 운전자본을 잘 관리하고 있는 모습을 볼 수 있다. 이마트는 1년 동안 판매된 매출원가가 9조 5,000억 원이다. 이를 12개월로 나누면 한 달에 8,000억 원가량 팔린다는 것이고, 이마트의 기말 재고자산 금액은 9,150억 정도이다. 이는 이마트가 재고자산을 1개월 치 정도 보유하고 있다는 것으로, 과다한 재고로 운전자본이 묶이는 현상을 최소화하려는 노력이라고 볼 수 있다.

이마트는 이마저도 자사의 현금(운전자본)으로 사 온 것이 아니라, 외상으로 매입해 재고자산으로 운전자본이 묶이는 현상을 최소화하고 있다. 표49에서 이마트의 주석 사항을 보면 매입채무 금액을 알 수 있다. 2019년 말 매입채무 합계액이 약 7,894억 원으로 기말 재고자산 금액인 9,150억 원의 대다수를 아직 지불하지 않은 상태이다. 자산의 현금이 운전자본으로 묶였다고 볼 수 없다. 역시나 유통업계 1위다운 운전자본 관리 능력을 보여주고 있다. 이번에는 롯데마트를 운영하는 롯데쇼핑의 재무제표를 살펴보자.

표51에서 롯데쇼핑은 1년 동안 매출원가가 4조 5,536억 원인데 표50에 따르면 기말 재고자산 금액은 4,459억 원으로 역시나 10% 정도의 재고자산을 보유하고 있다. 이때 롯데쇼핑도 기말 재고자산 금액의 상당 부분을 자사의 현금으로 미리 지급한 것이 아니라, 매입채무 3,283억 원으로 잡고 아직 지불하지 않았다. 역시 오프라인 유통업을

표 50 롯데쇼핑 재무상태표

[단위: 원]

과 목	주석	제 51(당) 기	제 50(전) 기
자 산			
유동자산		3,715,374,395,889	3,184,070,136,909
현금및현금성자산	7,35,40	1,058,444,838,960	726,809,053,877
매출채권및기타채권	5,7,38,40	408,933,203,369	631,839,037,873
기타금융자산	6,7,23,40	960,136,008,761	1,194,164,795,756
재고자산	8	445,949,649,888	484,653,820,797
당기법인세자산	34	1,085,144,365	–
기타비금융자산	9	12,978,345,377	32,148,632,363
매각예정자산	10	827,847,205,169	114,454,796,243

출처: DART, 롯데쇼핑 51기 감사보고서, 재무상태표

표 51 롯데쇼핑 손익계산서

[단위: 원]

과 목	주석	제 51(당) 기	제 50(전) 기
매출	29,38	8,708,083,759,301	9,695,325,161,145
매출원가	8,32,38	(4,553,662,568,228)	(4,888,608,517,506)
매출총이익		4,154,421,191,073	4,806,716,643,639
판매비와관리비	30,32,38	(4,019,691,527,654)	(4,535,581,492,845)
대손상각비	30,32,40	(721,555,229)	(115,409,723)
영업이익		134,008,108,190	271,019,741,071

출처: DART, 롯데쇼핑 51기 감사보고서, 손익계산서

표 52 롯데쇼핑 매입채무

[단위: 1,000원]

구 분	(단위:천원) 제 51(당) 기	제 50(전) 기
매입채무	328,302,268	332,740,613
미지급금	1,203,939,585	1,593,513,325
합 계	1,532,241,853	1,926,253,938

출처: DART, 롯데쇼핑 51기 감사보고서, 주석

상당 기간 해오면서 운전자본 관리에 능한 것을 알 수 있다. 그렇다면 기존의 오프라인 유통업을 위협하는 쿠팡은 어떻게 운전자본을 관리하고 있을까?

쿠팡은 1년 동안 매출원가가 5조 9,665억 원인데 기말 재고자산 금

표 53 쿠팡 손익계산서 [단위: 100만 원]

과 목	주석	제 7 (당)가	제 6 (전)가
Ⅰ. 매출액	20,25,26	7,140,720	4,347,684
매출원가	21,26	5,966,550	4,144,277
영업 일반관리비	21,25,26	1,922,960	1,341,748
Ⅱ. 영업손실		(748,790)	(1,138,341)

출처: DART, 쿠팡 7기 감사보고서, 재무상태표

표 54 쿠팡 재무상태표 [단위: 100만 원]

과 목	주석	제 7 (당)기말	제 6 (전)가말
자 산			
Ⅰ. 유동자산		1,857,172	1,303,173
현금및현금성자산	4,5	806,723	594,238
단기금융자산	4,5,6,13	167,360	138,759
매출채권	4,5,7,25	69,003	27,243
재고자산	8,13,26	711,862	423,358
당기법인세자산		1,580	485
기타유동금융자산	4,5,25	49,894	23,441
기타유동자산	26	50,750	95,649
Ⅱ. 비유동자산		1,201,329	458,567
장기금융자산	4,5,6	4,811	4,811
종속기업투자주식	12,25	47,472	18,472
유형자산	9,13,26	563,023	397,461
사용권자산	10,13,25,26	516,413	–
무형자산	11	6,800	6,528
기타비유동금융자산	4,5,25	61,881	28,321
기타비유동자산		929	2,974
자 산 총 계		3,058,501	1,761,740
부 채			
Ⅰ. 유동부채		2,194,899	1,440,077
매입채무	4,5	923,513	644,192
미지급금	4,5,25	989,674	714,741
미지급비용	4,5	33,816	20,681

출처: DART, 쿠팡 7기 감사보고서, 손익계산서

액은 7,118억 원으로 약 12%의 재고자산을 보유하고 있다. 이는 이마트와 롯데쇼핑에 비해 다소 높은 편이나 운전자본에 치명적인 악영향을 미친다고는 볼 수 없다. 매입채무가 9,235억 원으로 심지어 기말 재고자산 금액인 7,118억 원보다 크다. 그 말뜻은 이미 판매된 재고금액에 대한 외상매입 대금을 아직 지불하지 않았다는 것이다. 쿠팡은 매출액 대비 기말 재고자산 금액을 다소 많이 갖고 있는 반면, 실제로는 대금을 훨씬 늦게 지불하면서 막대한 재고금액에 대한 운전자본을 효율적으로 관리하고 있다. 쿠팡 역시 매입채무 지급 시기를 통해 운전자본을 적절히 관리하고 있다.

쿠팡이 잠자는 사자 두 마리를 깨우면

업계 1위 이마트의 별도 재무제표 상의 매출액은 최근 2개 연도 13조 원으로 다소 정체를 보였다. 롯데쇼핑의 매출액은 심지어 10조 원대에서 9조 원대로 역성장을 보여주었다. 이에 반해 온라인(모바일) 유통을 기반으로 한 쿠팡은 2017년도 2조 6,000억 원대, 2018년도 4조 3,000억 원대, 2019년도 7조 1,000억 원대로 크게 성장했다. 물론 쿠팡은 매출 성장을 위한 출혈경쟁으로 인해 영업이익은 7년째 적자이다.

페이지를 넘겨 보자. 롯데쇼핑은 백화점과 할인점(롯데마트) 매출액이 합산된 점을 감안하여 사업보고서에서 할인점(롯데마트) 매출액만 보면 온라인 기반의 쿠팡이 이미 넘어섰다는 점을 알 수 있다.

표 55 롯데마트 사업부문별 재무 현황 〔단위: 100만 원, %〕

사업부문	구분	제 51 기		제 50 기		제 49 기	
		금 액	비중	금 액	비중	금 액	비중
백화점	매출액	2,655,140	16.4	3,130,414	17.8	3,231,815	18.1
	영업이익	327,707	94.7	519,368	121.4	424,806	71.2
할인점	매출액	6,038,803	37.3	6,330,668	35.9	6,342,287	35.6
	영업이익	17,948	5.2	(26,160)	(6.1)	(287,402)	(48.1)

출처: DART, 롯데쇼핑 51기 감사보고서, 주석

이번에는 유통업계의 원가구조를 살펴보자. 표56에 이마트의 성격별 비용 항목이 나와 있다. 유통업은 완제품을 매입해서 판매하는 사업구조 상 상품 매입액의 비중이 72%대로 월등하게 높다. 표57에서 쿠팡의 비용 구조를 살펴보자. 유통업의 특성을 감안하더라도 상품 매입액의 비중이 81%로 너무 높다. 이는 2가지 원인으로 볼 수 있는데, 아무래도 업계 1위인 이마트에 비해 바잉 파워buying power가 상대적으로 열세이기 때문이다.

쿠팡의 향후 인지도와 구매력 증가를 고려하면 앞으로 충분히 개선될 것으로 보인다. 또 상품 매입액의 비중이 큰 하나의 이유는 쿠팡이 시장점유율 상승을 위해 최저가 전략을 펼쳤고, 이로 인해 판매가격이 하락했기 때문이다. 판매가격은 높지 않은데 많은 수량을 매입해 팔다 보니 매출액 대비 상품원가의 비중이 상대적으로 높았을 것으로 분석된다. 이 역시 쿠팡의 매출액이 어느 정도 올라왔고 인지도도 상당 부분 높아졌으므로 향후 정상적인 판매가격 정책으로 승부한다면 상품의 원가율이 하락할 것으로 보인다.

쿠팡의 비용 구조를 보면 인건비 비중이 이마트에 비해 상당하다.

표 56 이마트 비용의 성격별 분류

[단위: 100만 원, %]

	당기		전기	
재고자산의 변동	-65,104	-0.5	-76,089	-0.6
상품 및 원·부재료 매입액	9,492,200	72.2	9,317,703	70.9
급여 및 퇴직급여	1,088,586	8.3	1,104,027	8.4
지급수수료	1,099,468	8.4	957,122	7.3
임차료	30,194	0.2	128,857	1.0
감가상각비 및 무형자산상각비	503,969	3.8	376,207	2.9
광고선전비	48,686	0.4	63,620	0.5
판매촉진비	50,726	0.4	49,732	0.4
기타	654,955	5.0	737,820	5.6
매출원가 및 판매비와 관리비의 합계	12,903,680	98.1	2,658,999	96.3

출처: DART, 이마트 9기 감사보고서, 주석

표 57 쿠팡 비용의 성격별 분류

[단위: 100만 원, %]

	당기		전기	
재고자산의 변동과 매입	2,176,901	81.2	1,533,238	80.0
인건비	645,461	24.1	566,347	29.6
서비스 이용수수료	156,689	5.8	107,614	5.6
세금과공과	17,040	0.6	22,817	1.2
운반 및 임차료	146,746	5.5	129,357	6.8
소모품 등 매입	34,886	1.3	27,727	1.4
감가상각비와 무형자산상각비	52,364	2.0	41,185	2.1
광고선전비	53,793	2.0	32,347	1.7
기타	20,317	0.8	20,512	1.1
합계	3,304,197	123.2	2,481,144	129.5

출처: DART, 쿠팡 7기 감사보고서, 주석

인건비 비중이 이렇게까지 높은 것은 자체적인 배송 시스템, 일명 쿠팡맨의 인건비가 발생하고, 이에 못지않은 관리 분야의 인건비 비중도 큰 편이기 때문이다. 쿠팡은 한국에서는 비상장 기업이므로 추가적으로 더 자세히 분석하기에는 재무 자료에 한계가 있다. 인건비 비중을 줄이면 수익성은 크게 개선될 것으로 보이는데, 쿠팡맨을 줄일 경우 배송서비스 품질과 직결되어 오히려 매출에 악영향을 가져올 수 있다. 따라서 관리 분야의 인건비를 효율적으로 줄이는 전략을 검토한다면 향후 수익성이 개선될 것이다.

쿠팡의 비용 구조에서 또 하나의 특징은 광고선전비이다. 이마트는 매출액 대비 광고선전비 비중이 0.4%인 반면 쿠팡은 2%를 차지하고 있다. 매출액에 따른 규모의 경제효과로 인한 비율 차이라고 볼 수도 있겠지만, 자금만 봐도 이마트는 486억 원, 쿠팡은 537억 원을 광고선전비로 쓰고 있다. 국내 대기업과 스타트업으로 시작한 기업 간의 네임밸류 차이를 극복하기 위한 필수 불가결한 비용일 것이다. 따라서 해당 비용 역시 점차 비중이 줄어들 것으로 예측할 수 있다.

표58을 보면 이마트는 오프라인 유통업의 최강자답게 유형자산 중 토지와 건물이 대다수를 차지하고 있다. 전국에 약 158개의 점포를 보유하고 있는 이마트로는 당연히 점포부동산이 가장 큰 비중을 차지하고 있다. 쿠팡도 역시나 토지와 건물의 부동산 비중이 큰 편이다. 주요 지역의 물류창고 역할을 하는 부동산들이다. 그런데 이마트와는 다른 특징이 있는데 표59를 보면 비품 자산의 비중이 3,200억 원(취득원가 기준)으로 매우 크다는 점이다. 주의할 점은 비품의 내용연수이다. 주석 사항을 보면 비품의 내용연수가 4년으로 다소 짧아서 회계상 감가상각비 부담이 있을 수 있다는 점도 이마트와 다르다.

표 58 이마트 유형자산 내역

(단위: 100만 원)

구 분	토지	건물 및 구축물	기타유형자산	건설중인자산	합 계
2019년 1월 1일	4,265,325	3,380,373	604,695	662,862	8,913,255
회계정책의 변경효과(*1)	–	–	(135,787)	–	(135,787)
수정후 재작성된 금액	4,265,325	3,380,373	468,908	662,862	8,777,468
취득 및 자본적지출	16,337	281,135	143,900	40,642	482,014
사업결합으로 인한 취득	–	–	385	–	385
본계정대체로 인한 증감	31,181	268,064	323	(299,568)	–
타계정대체로 인한 증감(*2)	–	–	–	(3,893)	(3,893)
처분 및 폐기(*3)	(388,730)	(188,374)	(12,629)	(51,305)	(641,038)
감가상각비	–	(221,187)	(151,156)	–	(372,343)
손상차손(*4)	(1,974)	(1,183)	(28,245)	–	(31,402)
기말순장부금액	3,922,139	3,518,828	421,486	348,738	8,211,191
취득원가	3,924,113	5,798,856	938,475	348,738	11,010,182
감가상각 및 손상차손누계액	(1,974)	(2,280,028)	(516,989)	–	(2,798,991)

출처: DART, 이마트 9기 감사보고서, 주석

표 59 쿠팡 유형자산 내역

(단위: 100만 원)

구분	당기말			전기말		
	취득원가	상각누계액	장부금액	취득원가	상각누계액	장부금액
토지(*1)	85,926	–	85,926	56,995	–	56,995
건물(*1)	196,087	(17,679)	178,408	188,204	(12,866)	175,338
구축물	2,997	(177)	2,820	1,417	(30)	1,387
차량운반구(*2)	65,189	(28,993)	36,196	51,083	(25,092)	25,991
비품	320,419	(142,378)	178,041	182,267	(94,184)	88,083
임차시설개량	70,846	(21,986)	48,860	32,871	(14,360)	18,511
건설중인자산	32,772	–	32,772	31,156	–	31,156
합계	774,236	(211,213)	563,023	543,993	(146,532)	397,461

출처: DART, 쿠팡 7기 감사보고서, 주석

투자 팁: 매출액 전쟁에서 승자가 나올 때까지 기다려보자

국내 유통업은 개별 기업들 사이에서 향후 경쟁이 너무나 치열할 것으로 예상된다. 한동안 정체되어 있던 유통업 시장에 온라인·모바일 유통을 통해 무섭게 치고 올라오는 쿠팡이 있는가 하면, 네이버와 배달의민족 등 다른 업종도 온라인 유통업에 무섭게 편승하고 있다.

따라서 유통업계는 승자가 나올 때까지 기다렸다가 투자하는 것도 하나의 방법이다. 물론 미리 예측해서 싸게 샀다가 비싸게 팔면 훌륭한 투자가 되겠지만, 한 치 앞도 안 보이는 지금의 상황에서는 섣부른 판단이 될 수 있다. 만약 투자해야겠다면, 자금력을 확보하면서 온라인 업계에도 전력을 다할 수 기업을 잘 선별해서 천천히 분할매수해 나가는 것이 올바른 전략으로 보인다. 미리 한 번에 매수해놓고 기다리다 혹시라도 업계에 지각변동이 일어났을 때 가격이 하락하면 조바심이 난다. 따라서 큰 변동성이 예측되는 업종일수록 믿음이 있는 기업에 조정이 올 때마다 천천히 분할매수하면 재미가 있다. 어느 정도 우량한 기업을 선택했다면 결국에는 좋은 결과가 나올 것이다.

또한 쿠팡이 나스닥에 상장되면 유통업계의 밸류에이션 매력도에 대해 다시 생각하는 기회가 될 것이다. 쿠팡의 자극으로 초반 유통업계에는 상당한 지각변동이 일어날 예정이다. 오히려 이러한 변동성이 이마트와 롯데쇼핑이라는 잠자는 사자의 코털을 건드리는 변곡점이 될 수도 있으니 잘 지켜보자.

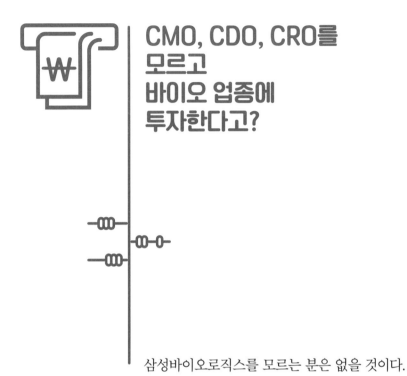

CMO, CDO, CRO를 모르고 바이오 업종에 투자한다고?

삼성바이오로직스를 모르는 분은 없을 것이다. 무슨 일을 하는 회사인지 자세히 알고 싶다면 사업보고서에 있는 사업개요를 보자. "당사는 바이오의약품 일괄생산 체제를 갖춘 글로벌 바이오 CMO, CDO, CRO 기업입니다. 현재 당사는 바이오의약품을 위탁생산하는 CMO 사업을 전문적으로 영위하고 있으며, 세포주, 공정, 제형·분석법 등 세포주~초기 임상까지 개발서비스를 제공하는 CDO사업, Bio-Safety Testing 등 글로벌 규제기관으로부터의 제조승인 취득을 지원하는 CRO사업에 이르기까지 One-Stop Service Provider를 지향하고 있습니다. 더하여 당사의 바이오의약품 연구개발 자회사인 삼성바이오에피스와 아키젠바이오텍은 바이오시밀러

개발 및 상업화를 진행 중입니다."

여기서 CMO는 의약품 생산에 필요한 공장 및 생산기술을 갖춘 기업이 위탁을 받아 대신 생산해주는 것이다. 일반 제조업으로 보자면 OEM과 유사한 개념이다. 하지만 CMO가 다른 점은 바이오 의약품을 만드므로 생산 난이도가 꽤 높다는 것이다. 단순히 생산시설만 갖춘 OEM보다 상당한 기술 수준을 지니고 있어야 한다. CDOContract Development Organization는 위탁개발을 대신 해주는 것이다. 추가적으로 설명하면 바이오 의약품을 만드는 데 사용되는 '세포주'까지도 개발해준다.

CROContract Research Organization는 임상시험을 대신한다. CRO는 CMO, CDO와는 다른 차원의 개념이다. CRO는 신약개발 단계에서 의뢰를 받아 임상시험 진행의 설계에서부터 시작해 모니터링, 데이터 관리, 허가 등의 업무까지 대행한다. 임상시험 진행은 고비용 시설뿐만 아니라 임상을 진행할 인력과 실력이 필요해 전문적인 CRO 업체들이 해주고 있다. 삼성바이오로직스는 CMO사업을 기반으로 시작해서 결국에는 CDO, CRO까지 원스톱 서비스를 제공하는 것이 목표인 회사이다.

바이오 회사 치고 유형자산이 많은 이유

유한양행과 삼성바이오로직스의 재무상태표를 비교해보자. 유한양행은 전체 자산에서 유형자산 비중이 10%밖에 되지 않는다. 표61에 따르면 삼성바이오로직스는 총자산에서 유형자산의 비중이 약 28.8%나 된다. 유형자산이 많다는 것은 무슨 의미일까? 생산설비가 많다는 뜻이다. 바이오 회사가 생산설비가 왜 많이 필요할까? 주로 신약을 개발한다면 유형자산보다는 무형자산이 많아야 할 텐데 말이다. 이렇게 자산 내역만 보고도 삼성바이오로직스는 신약을 개발하기보다 위탁생산에 주안점을 두는 회사라는 것을 쉽게 알 수 있다.

표 60 유한양행 재무상태표 [단위: 원, %]

	제97기		제96기	
자산				
I. 유동자산		998,450,388,251		944,391,331,894
1. 현금 및 현금성 자산	232,106,656,826	12.0	209,890,898,844	10.9
2. 단기금융상품	8,604,911,328	0.4	10,015,675,393	0.5
3. 단기투자자산	119,329,668,011	6.2	214,946,829,482	11.2
4. 매출채권	393,502,033,393	20.4	341,897,524,545	17.8
II. 비유동자산		933,514,683,944		975,634,150,056
1. 장기금융상품	18,000,000	0.0	18,000,000	0.0
2. 장기투자자산	154,478,974,839	8.0	151,593,560,287	7.9
3. 종속기업과 관계기업 및 공동기업투자	505,370,370,737	26.2	470,003,519,483	24.5
4. 유형자산	192,646,022,405	10.0	208,704,336,650	10.9
5. 투자부동산	40,117,840,222	2.1	94,608,398,712	4.9
6. 무형자산	27,207,157,531	1.4	25,807,471,467	1.3
7. 장기보증금	11,526,757,000	0.6	18,605,766,000	1.0
8. 기타비유동자산	2,149,561,210	0.1	6,293,097,457	0.3
자산총계		1,931,965,072,195		1,920,025,481,950

출처: DART, 유한양행 97기 감사보고서

표 61 삼성바이오로직스 재무상태표

(단위: 원, %)

	제9(당)기말		제8(전)기말	
자산				
I. 유동자산	1,356,261,664,171		1,577,683,715,574	
II. 비유동자산	4,555,364,847,749		4,402,724,932,719	
장기금융상품	7,000,000	0.0	7,000,000	0.0
관계기업 및 공동기업 투자주식	2,652,731,622,024	44.9	2,561,802,520,579	42.8
투자부동산	20,761,092,845	0.4	0	0.0
유형자산	1,702,792,524,097	28.8	1,717,720,987,857	28.7
무형자산	21,827,515,338	0.4	19,981,633,701	0.3
사용권자산	16,118,883,277	0.3	0	0.0
기타비유동금융자산	9,498,952,389	0.2	24,230,355,452	0.4
기타비유동자산	956,721,462	0.0	1,902,973,235	0.0
계약자산	130,670,536,317	2.2	77,079,461,895	1.3
자산총계	5,911,626,511,920		5,980,408,648,293	

출처: DART, 삼성바이오로직스 9기 감사보고서

표 62 삼성바이오로직스 사업보고서

구분	1공장	2공장	3공장	4공장
위 치	인천 송도	인천 송도	인천 송도	인천 송도
규 모	30,000L (5,000L×6기)	154,000L (15,000L×10기, 1,000L×4기)	180,000L (15,000L ×12기)	256,000L (15,000L ×12기, 10,000L ×6기, 2,000L × 8기)
공사기간	25개월	29개월	35개월	36개월
공사비용	3,500억원 (3억불)	7,000억원 (6.5억불)	8,500억원 (7.4억불)	1조 7,400억원 (14.7억불)
현 황	상업생산	상업생산	상업생산	건설중

출처: DART, 삼성바이오로직스 10기 사업보고서, 사업의 내용

표62는 삼성바이오로직스의 생산공장 현황이다. 삼성바이오로직스 사업보고서에 의하면 바이오 업종의 CMO사업은 전 세계적으로 몇 개 안 되는 소수의 대형 기업이 주도하고 있다. 스위스에 본사를 둔 론자Lonza는 전 세계에 26만 리터의 동물세포 배양설비를 보유

하고 있으며, 독일의 베링거 인겔하임Boehringer Ingelheim은 독일과 미국 등에 30만 리터의 생산설비를 보유하고 있다. 삼성바이오로직스는 2018년 18만 리터 규모의 3공장까지 생산을 시작해 2019년 말 기준 36만 리터 생산설비를 가동 중이며, 이 시장에서 선발 업체를 추월해 생산설비 기준 세계 1위 CMO기업으로 도약했다. 향후 2023년까지 25.6만 리터 규모의 4공장을 신설해 세계 생산설비 1위의 리더십을 지속해나갈 전망이다.

제약, 바이오 업종의 마일스톤이란

한국의 제약·바이오 회사들은 그동안 신약개발을 직접 하기보다 신약 물질을 수입해서 약을 만들었다. 이때 신약 물질을 사오는 계약을 라이센스-인License-in이라고 한다. 한국의 제약사들은 상대적으로 영세했고 R&D에 적극적으로 투자할 만큼의 여력이 없었다. 하지만 최근 들어 국내 대형 제약사들이 R&D 투자를 늘려왔고 작은 규모이지만 투자받은 바이오 회사들이 신약 물질 개발에 적극적으로 참여해왔다. 그래서 신약 물질을 수입하는 것이 아니라 수출하는 시대에 접어들었다. 이때 신약 물질을 내다 파는 계약을 라이센스-아웃License-out이라고 한다.

라이센스-아웃 계약을 2가지로 나누어 살펴보겠다. 첫째는 신약후보물질 기술 자체를 파는 것이다. 가장 빠르게 현금화되지만 아쉬운 점은 추가적인 로열티 수익을 기대하기 힘들다. 둘째는 공동개발 계약을 통해 계약금 및 마일스톤을 받는 것이다. 마일스톤이란 단계별로 성공할 때마다 기술료를 받는 것을 말한다. 그렇다면 어떤 제약회사가 라이센스-아웃 계약을 많이 했는지 사업보고서를 통해 알 수 있다. 표63은 유한양행 사업보고서의 사업 내용이다. 꼭 알아야 할 것은 마일스톤은 확정된 수익이 아니라는 점이다. 제약·바이오 업종의 주가 등락이 큰 이유가 라이센스-아웃 계약을 통해 미래의 마일스톤 수익을 주가에 선반영했는데, 임상시험이 실패하면 실제 수익이 들어오지 않아 주가가 급락하는 경우가 많기 때문이다.

어떤 분들은 어렵게 개발한 신약 물질 기술을 수출하지 말고 자체적으로 완성해서 큰돈을 버는 게 낫지 않냐고 한다. 이건 제약·바이오 업종의 특성을 알아야 이해할 수 있다. 만약 한국의 제약사가 신약 물질을 개발했다고 하자. 시중에 출시되려면 임상시험을 거쳐 승인이 나야 한다. 통상 3차 임상시험까지 통과해야 승인되는데, 이때 천문학적인 돈이 들어간다. 한번 생각해보자. 전 세계 선진국에서 승인이 나려면 다국적으로 임상시험을 해야 하는데 엄청난 자금력이 필요하지 않겠는가. 설사 자체적으로 3차 임상시험까지 통과해서 온전한 신약을 만들어냈다 해도 어떻게 팔 것인가? 이미 전 세계 시장은 다국적 제약사들이 판매망을 완전히 장악한 상태이다. 따라서 한국의 기업들은 라이센스-아웃 계약을 통해 서서히 다국적 제약 시장에 진입하려는 것이다.

표 63 유한양행 라이센스-아웃 계약 내용

품목	계약상대방	대상지역	계약체결일	계약종료일	총계약금액	수취금액	진행단계
YH14618	스파인바이오파마(Spine Biopharma, LLC)	전세계(대한민국 제외)	2018.07.26	-	US$218,150,000	US$650,000	국내 임상2a 종료 미국 임상 IND (준비중)
레이저티닙 (EGFR표적 항암치료제)	얀센 바이오테크(Janssen Biotech. Inc.)	전 세계(대한민국 제외)	2018.11.03		US$1,255,000,000	US$50,000,000	단독요법 임상3상(글로벌)
비알콜성 지방간염 치료제	길리어드 사이언스(Gilead Sciences,Inc.)	전 세계 (대한민국 제외)	2019.01.06		US$785,000,000	US$15,000,000	비임상
YH25724	베링거인겔하임 (Boehringer Ingelheim International GMBH)	전 세계(대한민국 제외)	2019.07.01	-	US$870,000,000	US$30,000,000	비임상

출처: DART, 유한양행 97기 사업보고서, 사업의 내용

표 64 유한양행 라이센스-아웃 계약 상세 내용

가) 품목 : YH14618

계약상대방	스파인바이오파마(Spine Biopharma, LLC, 미국)
계약내용	스파인바이오파마는 YH14618에 대한 독점적 권리를 갖고 임상시험, 허가, 상업화 등을 진행
대상지역	전 세계 (대한민국 제외)
계약기간	계약체결일:2018.07.26
총계약금액	US$ 218,150,000, 로열티는 별도
수취금액	<반환의무 없는 금액> 1차 계약금: US$100,000(2018.02.18), 2차 계약금: US$ 550,000(2019.03.29)
계약조건	계약금 및 단계별 성공시 마일스톤 등의 총합: US$ 218,150,000 상업화에 따른 판매액 대비 일정 금액 로열티 별도 임상, 허가, 상업화 미실현시 본 계약은 종료될 수 있으며, 계약 종료에 따른 당사의 위약금 지급의무는 없음
회계처리방법	계약금 일시 수익 인식
대상기술	YH14618: 퇴행성디스크질환 치료제
개발진행경과	국내 임상2a 종료, 미국 임상 IND 준비중
기타사항	원개발사 엔솔바이오사이언스와 계약에 따라 기술료 수취액 중 일부를 배분하여 지급함

출처: DART, 유한양행 97기 사업보고서, 사업의 내용

투자 팁: 큰 수익을 노리면 신약개발사에, 아이의 세뱃돈은 삼바에!

코로나 백신과 치료제가 개발됨에 따라 전 세계 인구에게 단시간

에 백신을 접종하려면 대형 CMO 생산설비를 갖춘 곳의 수요가 큰 폭으로 증가할 것이다. 따라서 바이오산업에서 CMO기업들이 특히 각광받을 것이다. 해당 기업 중에 공장의 증설과 높은 수준의 관리를 꾸준히 해낼 수 있는 우량한 기업들은 장기적으로 언제든지 분할매수해도 좋을 듯하다. 특히 한국 주식시장에서 미래 먹거리로 준비된 산업 중에서는 바이오산업이 거의 독보적이다. 현재 한국의 주요 먹거리가 반도체인 것처럼 어쩌면 미래에는 바이오산업이 그 역할을 대신하게 될지도 모른다. 소액의 투자금으로 큰 수익을 올리고 싶다면 신약개발을 하는 회사에 투자해야 하지만, 그만큼 위험부담이 크다는 것 역시 인지해야 한다.

따라서 신약 물질 개발이 이루어질 것으로 보이는 바이오 회사에는 소액으로 투자하고, 삼성바이오로직스처럼 확실한 매출이 예상되는 CMO기업은 장기적인 안목을 가지고 조정이 올 때마다 분할로 매수해놓는다면 제2의 삼성전자가 될 것이다. 결국 삼성바이오로직스는 CMO로 시작해서 CDO, CRO까지 장악하고 기술력 1위의 회사가 될 것이기 때문이다. 이것은 필자의 주장만이 아니라 삼성바이오로직스 사업보고서에 명시되어 있다. 또한 재무적으로 그 목표를 이룰 수 있는 자금력과 능력을 갖춘 회사이기도 하다.

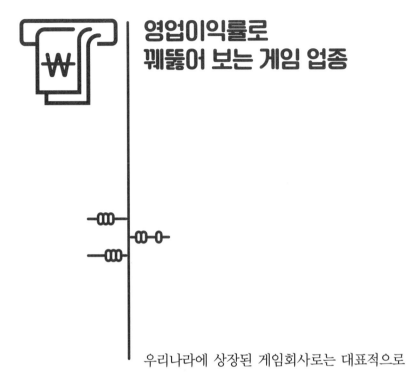

영업이익률로
꿰뚫어 보는 게임 업종

우리나라에 상장된 게임회사로는 대표적으로 엔씨소프트와 넷마블이 있다. 2019년 매출액은 넷마블이 2조 1,786억 원이고, 엔씨소프트는 1조 7,011억 원으로 넷마블이 약 30%가량 더 크다. 그런데 영업이익은 넷마블이 2,026억 원이고, 엔씨소프트가 4,789억 원으로 더 크다. 매출액은 넷마블이 훨씬 더 큰 데 반해 영업이익은 엔씨소프트가 더 크다. 어찌 된 것일까? 표66, 68은 두 기업의 손익계산서를 바탕으로 필자가 영업이익률을 계산한 표이다.

엔씨소프트가 영업이익률이 큰 이유는 자체 IP(Intellectual Property, 지적재산권)를 많이 가지고 있어서이다. 특히 리니지 IP를 빌려주고 받는 로열티 수익이 크다. 넷마블은 대표 게임인 '리니지2 레볼루션'과 '블

표 65 넷마블 손익계산서 [단위: 원]

과 목	주 석	제 9(당) 기	제 8(전) 기
I. 영업수익	4,31,39	2,178,677,560,442	2,021,272,799,024
II. 영업비용	32,39	1,976,025,140,491	1,779,621,318,882
III. 영업이익		202,652,419,951	241,651,480,142
금융수익	33	105,351,592,624	96,141,325,897
금융비용	33	68,144,316,788	19,588,861,124
영업외수익	34	2,671,676,315	10,769,378,819
영업외비용	34	37,019,787,635	38,620,270,189
지분법손익	14	12,888,937,506	86,226,845
IV.법인세비용차감전순이익		218,400,521,973	290,439,280,390
법인세비용	38	48,631,294,513	75,507,172,253
V. 당기순이익	29	169,769,227,460	214,932,108,137
지배기업순이익		155,983,073,040	189,618,902,849
비지배지분순이익		13,786,154,420	25,313,205,288

출처: DART, 넷마블 9기 연결감사보고서

표 66 넷마블 영업이익률 [단위: %]

	당기	전기
영업이익률	9.3	12.0
당기순이익률	7.8	10.6

레이드앤소울 레볼루션'을 모두 엔씨소프트의 IP를 빌려서 만들었기 때문에 게임을 통해 벌어들인 수익의 일부를 로열티로 지급해야 한다. 따라서 넷마블은 매출이 크게 발생해도 영업이익이 작을 수밖에 없다.

넷마블 사업보고서의 내용을 보면 IP를 활용해 라인업 확대를 하고 있는 넷마블의 사업구조를 알 수 있다. "유사한 게임이 다수 출시되는 등 경쟁이 치열하고 유사한 장르 내 차별화가 쉽지 않은 국내외 게임 시장에서, 과거 흥행했던 게임의 IP 활용이 큰 이점으로 부각되

표 67 엔씨소프트 손익계산서

과　　　　목		제23(당)기		제22(전)기
I. 영업수익(주석 22,26,33,37)		1,701,185,422,583		1,715,115,508,236
II. 영업비용(주석 27,33)		1,222,193,003,790		1,100,186,195,863
III. 영업이익		478,992,418,793		614,929,312,373
IV. 영업외손익		17,161,155,706		22,420,606,287
금융수익(주석 28,33)	69,663,193,296		50,249,720,185	
금융비용(주석 28)	(31,480,148,601)		(24,670,691,924)	
관계기업투자손익(주석 11,30)	(19,288,764,039)		(2,435,188,402)	
영업외수익(주석 29)	43,930,476,308		40,119,276,845	
영업외비용(주석 29)	(45,663,601,258)		(40,842,510,417)	
V. 법인세비용차감전순이익		496,153,574,499		637,349,918,660
VI. 법인세비용(주석 31)		136,998,851,991		215,882,267,950
VII. 연결당기순이익		359,154,722,508		421,467,650,710
1. 지배기업소유주지분	358,174,054,800		418,185,417,757	
2. 비지배주주지분	980,667,708		3,282,232,953	

출처: DART, 엔씨소프트 23기 연결감사보고서

표 68 엔씨소프트 영업이익률

	당기	전기
영업이익률	28.2	35.9
당기순이익률	21.1	24.6

고 있습니다. 기존 IP에 대한 로열티 높은 게임 고객을 흡수할 수 있기 때문인데, 과거 게임에 대한 향수로 모객이 수월하며 출시만으로도 마케팅 활용이 가능합니다." (출처: 넷마블 사업보고서_사업의 내용 일부)

퍼블리셔가 도대체 뭐지

게임 업종의 밸류체인을 보면 크게 '게임개발사'와 '퍼플리셔 Publisher'로 나눌 수 있다. 퍼블리셔란 게임을 배급하는 회사이다. 게임

개발회사에 로열티를 지불하고 개발된 게임을 공급받아 유통하는 역할을 한다. 퍼블리셔는 완성된 게임을 배급하는 역할만 하는 것이 아니라, 게임 시장의 흐름을 파악하여 개발 단계부터 게임개발사에 적극적으로 의견을 주고 반영하게 해 게임의 생애주기를 관리하는 역할도 한다. 또한 퍼블리셔는 해외의 퍼블리셔에게 판권을 제공하고 발생하는 매출액의 일정 부분을 로열티로 받기도 한다.

퍼블리셔의 배급 시 판매 경로는 크게 3가지이다. 첫째, 퍼블리셔가 자신이 퍼블리싱 하는 게임을 구글 플레이나 애플 앱스토어에 직접 공급하는 것이다. 둘째, 카카오톡이나 네이버 등의 포털서비스 제공자를 이용하여 공급하는 것이다. 셋째, 해외 판매의 경우 현지 퍼블리셔를 활용해 판매하는 것이다. 아래는 넷마블의 사업보고서 중 일부로 스스로 퍼블리셔 회사라고 소개하면서도 퍼블리싱에 주력하는 회사임을 알 수 있다.

"당사는 국내에 게임 퍼블리싱이라는 개념을 최초 도입한 회사로, 현재는 모바일게임 시장을 개척하고 혁신하는 중심에 있다고 확신합니다. 퍼블리싱 사업모델이 도입된 이후, 당사의 시장과의 관계, 전문적인 마케팅 능력 및 유저 친밀도를 바탕으로 다수의 외부 개발사 및 동종업계 게임의 퍼블리셔로 채택됨으로써 당사의 위치를 굳건히 하여 왔습니다." (출처: 넷마블 사업보고서_사업의 내용 일부)

엔씨소프트와 넷마블이 서로 손을 잡다니

엔씨소프트와 넷마블은 2015년 서로 지분투자를 했다. 어떻게 보면 경쟁 관계인 두 회사는 왜 서로 지분투자를 했을까? 두 회사의 사업구조를 보면 그 속내를 알 수 있다. 아래는 넷마블과 엔씨소프트의 주주 구성 내역이다. 2015년 말에 넷마블과 엔씨소프트에 각 사가 주주로 들어온 것을 볼 수 있다.

표 69 넷마블 주주 구성 내역 [단위: 주, %]

주주명	당기말		전기말	
	소유주식수	지분율	소유주식수	지분율
방준혁	4,823,800	32.36	96,476	35.88
씨제이이앤엠(주)	4,680,000	31.40	93,600	34.81
HAN RIVER INVESTMENT PTE. LTD.	3,764,450	25.26	75,289	28.00
(주)엔씨소프트	1,460,700	9.80	-	-
이재현	141,800	0.95	2,836	1.05
자기주식	25,800	0.17	516	0.19
기타	8,600	0.06	172	0.07
합 계	14,905,150	100.00	268,889	100.00

출처: DART, 넷마블 5기 연결감사보고서, 주석

표 70 엔씨소프트 주주 구성 내역 [단위: 주, %]

주 주	소유주식수(주)	지분율(%)	비 고
김택진	2,628,000	11.98	대표이사
(주)넷마블게임즈	1,950,000	8.89	
기타주주	17,287,439	78.84	
자기주식	63,583	0.29	
합 계	21,929,022	100.00	

출처: DART, 엔씨소프트 19기 연결감사보고서, 주석

표71, 72는 두 기업의 사업보고서 내용이다. 2015년도 넷마블의 매출구조는 모바일게임이 90%를 차지하고 있다. 최근 게임업계가 모바일게임 위주로 확장되는 추세여서 넷마블의 이러한 사업구조는 유리하다고 볼 수 있다. 표72에서 엔씨소프트의 사업보고서를 보면 엔씨소프트는 2015년(19기) 당시 모바일게임의 비중이 거의 없었다. 엔씨소프트는 사업 초기에 온라인게임 시장으로 진입해서 온라인 시장을 장악했지만, 상대적으로 모바일게임 시장에서의 퍼블리셔 역할이 매우 약한 편이었다. 따라서 모바일게임에서 이미 앞선 넷마블과 협력해서 모바일게임 시장 비중을 적극적으로 늘리려는 전략인 것이다. 실제로 엔씨소프트는 넷마블과의 협력 이후 2016년(20기), 2017년(21기)에 모바일게임 매출 비중이 급격하게 커지는 것을 볼 수 있다.

넷마블은 또 다른 속내가 있다. 매출의 대부분이 국내 기반이므로 글로벌로 성장하기에는 다소 한계가 있음을 느꼈을 것이다. 따라서 글로벌시장에서 인지도가 있는 엔씨소프트를 활용해 시장을 확대하고 싶었을 것이다. 엔씨소프트는 모바일게임 시장 확대에 대비하기 위해서, 넷마블은 글로벌시장 진입하기 위해 서로 손잡았다. 두 회사의 니즈가 서로 딱 맞아떨어진 것이다. 여러분들이 보기에는 어떤 회사가 더 많은 혜택을 봤다고 생각하는가? 다소 민감할 수 있는 문제이므로 여러분이 표73의 재무제표를 통해 파악하길 바란다.

표 71 넷마블 사업보고서

[단위: 100만 원, %]

품목	주요상표 등	2017년		2016년		2015년	
		매출액	비중	매출액	비중	매출액	비중
모바일 게임	세븐나이츠	170,965	7.05%	352,544	23.50%	177,524	16.55%
	모두의마블	124,667	5.14%	203,254	13.55%	199,266	18.57%
	쿠키잼	139,535	5.75%	143,832	9.59%	81,512	7.60%
	리니지II:레볼루션	1,081,291	44.59%	120,971	8.06%	–	–
	MARVEL Contest of Champions	249,584	10.29%	–	–	–	–
	기타(모바일)	547,710	22.59%	585,342	39.02%	511,356	47.66%
	소계	2,313,753	95.42%	1,405,943	93.73%	969,658	90.38%
온라인	마구마구 등	51,122	2.11%	61,265	4.08%	82,064	7.65%
기타	임대수입 등	59,881	2.47%	32,808	2.19%	21,199	1.98%
합계		2,424,755	100.0%	1,500,016	100.00%	1,072,921	100.00%

출처: DART, 넷마블 7기 사업보고서, 사업의 내용

표 72 엔씨소프트 사업보고서

[단위: 100만 원]

사업부문	매출유형	품목		제21기	제20기	제19기
온라인 및 모바일 게임	온라인 게임	리니지	국 내	142,617	362,901	303,280
			해 외	11,805	12,587	9,596
			합 계	154,422	375,487	312,876
		리니지II	국 내	31,566	36,341	31,631
			해 외	34,226	40,773	31,321
			합 계	65,792	77,114	62,952
		아이온	국 내	37,895	61,916	62,065
			해 외	9,073	9,792	11,653
			합 계	46,968	71,708	73,718
		블레이드앤소울	국 내	82,483	80,917	72,253
			해 외	78,639	101,403	41,614
			합 계	161,122	182,320	113,867
		길드워2	국 내	–	–	–
			해 외	82,831	76,636	100,527
			합 계	82,831	76,636	100,527
	모바일게임		국내 및 해외	995,266	20,168	5,993
	기타		국내 및 해외	49,559	58,050	69,656
	로열티		국내 및 해외	202,762	122,073	98,709
합 계				1,758,722	983,557	838,298

출처: DART, 엔씨소프트 21기 사업보고서, 사업의 내용

표 73 넷마블 매출액 (단위: 만 원)

	2017년	2016년	2015년
해외	1,317,953	757,331	318,978
국내	1,106,802	742,685	753,943
합계	2,424,755	1,500,016	1,072,921

출처: DART, 넷마블 7기 사업보고서, 사업의 내용

모바일게임 시장의 또 다른 변수, 앱 마켓

모바일게임 시장이 본격적으로 성장하면서 게임개발 회사와 퍼블리셔 외에도 매우 중요한 역할을 하는 사업자가 발생했다. 애플의 앱스토어와 구글의 구글플레이다. 모바일게임을 하기 위해서는 유통 플랫폼이 필요한데, 애플과 구글이 그 역할을 한다. 두 회사의 사업모델은 그 끝을 알 수 없을 정도로 모든 분야에 영향력을 미치고 있다.

모바일게임은 애플이나 구글과 같은 플랫폼 회사에 매출의 상당 부분을 수수료로 지급해야 한다. 매출액 기준이니까 수수료가 큰 비중을 차지한다. 모바일게임 매출액이 많이 발생해도 상당 부분 애플의 앱스토어와 구글의 구글플레이가 돈을 버는 구조이다. 그렇다고 시장이 점점 커지는 모바일게임의 비중을 줄일 수도 없다. 넥슨과 엔씨소프트는 PC게임 비중이 상당하고 자체 IP를 많이 보유하고 있어 그나마 로열티(게임 개발사에 지급)와 지급수수료(앱 마켓에 지불) 비중을 낮출 수 있는 반면에 넷마블은 모바일게임의 비중이 높고 자체 IP가 많지 않아 지급수수료와 로열티로 지급하는 금액이 매출액 대비 상당하다. 따라서 넷마블은 영업이익률을 높이기가 만만치 않다. 두 회사의 재

표 74 엔씨소프트 비용 구성

[단위: 1,000원, %]

	당기		전기	
급여 및 상여금	266,995,513	15.7	290,374,868	16.9
경상연구개발비	309,666,510	18.2	274,677,676	16.0
지급수수료	346,863,262	20.4	320,364,124	18.7
감가상각비	44,441,721	2.6	20,209,930	1.2
무형자산상각비	1,133,834	0.1	2,390,675	0.1
로열티 비용	5,180,154	0.3	4,598,783	0.3
판매수수료	4,274,082	0.3	4,468,342	0.3
판매촉진비	501,050	0.0	180,757	0.0
광고선전비	106,230,222	6.2	56,888,330	3.3

출처: DART, 엔씨소프트 23기 연결감사보고서, 주석

표 75 넷마블 비용 구성

[단위: 1,000원, %]

	당기		전기	
급여	338,022,036	15.5	293,331,028	14.5
상여	52,526,332	2.4	39,697,900	2.0
감가상각비	36,020,925	1.7	15,496,571	0.8
무형자산상각비	82,141,762	3.8	64,527,320	3.2
보험료	2,014,154	0.1	2,749,802	0.1
지급수수료	1,033,835,294	47.5	910,412,915	45.0
광고선전비	292,367,820	13.4	311,707,434	15.4
경상개발비	0	0.0	98,499	0.0

출처: DART, 넷마블 9기 연결감사보고서, 주석

무제표 주석의 비용 구성 항목을 보면 더 명확하게 알 수 있다.

표74에서 엔씨소프트는 지급수수료와 로열티 비용의 비중을 합쳐도 20.7%밖에 안 되는 반면에 넷마블은 지급수수료가 47.5%를 차지하고 있다. 경상연구개발비를 보면 엔씨소프트는 18.2%인 반면 넷마블은 경상개발비 비중이 없다. 이를 봐서도 넷마블은 주로 퍼블리싱 사업을 하는 모습을 엿볼 수 있다.

투자 팁: M&A를 통해 위기를 돌파하고 만능이 될 기업에 주목하자!

게임 업종은 확실히 미래가 기대되는 산업군이다. 하지만 개인이 투자하기에 바이오 업종보다 분석이 쉽지 않은 업종이다. 삼박자를 완전히 갖춘 기업만이 장기간으로 주가가 우상향할 수 있기 때문이다. 첫 번째는 의미 있는 신작(새로운 게임)이 꾸준히 나와야 한다. 게다가 이익률까지 고려한다면 반드시 자기만의 IP를 확보해야 한다. 그러려면 개발 단계에서부터 많은 자금이 투입된다. 만약 이렇게 투자금을 들여 신작을 출시했는데 게임 유저들의 반응이 좋지 않다면, 마치 바이오 회사가 임상실험에 실패한 것과 같은 충격을 받을 수도 있다. 따라서 게임 유저들의 니즈를 지속적으로 파악할 수 있는 인력들을 대거 확보하고 있어야 한다.

두 번째는 신작을 출시했을 때 효과적으로 배급할 수 있는 강력한 퍼블리셔의 역량을 갖추어야 한다. 세 번째는 최근 모바일게임의 비중이 커지는 추세에서 모바일게임 시장을 개척하고 성장할 능력을 겸비해야 한다. 개별 기업이 이러한 삼박자를 모두 갖춘다는 것은 어려운 일이다. 따라서 관계회사나 종속회사와의 적절한 M&A를 통해 삼박자의 밸류체인을 수직계열화한 기업들이 향후 매력적일 것으로 보인다.

인생을 한 단계 업그레이드할 대예측

현대사회에는 정보가 너무나 많아 오히려 투자하기에 혼란스럽다. 이럴 때 하수는 지금의 현상만 본다. 그리고 중수는 거시경제의 큰 틀을 본다. 마지막으로 고수는 그 밑바닥에 있는 '본질'을 본다. 그럼 본질이란 무엇인가?

자본주의는 반드시 성장한다는 것이다. 항상 수직선으로 성장하는 것은 아니고, 크고 작은 등락의 사이클을 보이면서 성장한다. 이 말뜻은 자산은 일시적으로 급락할 수 있다는 것이다. 이때 자본주의가 무너진다고 의심만 하지 않으면 누구나 돈을 벌 수 있다. 그러니 지금처럼 모든 자산의 가격이 올라서 투자하기에 애매하거나 두려울수록 자본주의의 본질을 알고 큰돈을 벌어야 한다. 다만 마냥 '때'를 기다리는 것이 아니라 모든 자산이 일시적으로 급락할 때 진짜 자산이 무엇인지 골라내는 실력을 갖추고 있어야 한다. 그렇다면 진정한 자산이 무엇이냐고? 자산도 성장해야 진정한 자산이라고 할 수 있다. 기업을 오래 분석하다 보면 이 기업이 꾸준한 혁신과 성장에 관심이 있는지, 아니면 하던 것만 하려고 하는지 쉽게 알 수 있다.

어떤 분들은 자본주의에 대해 역사가 너무 오래되고, 막대한 부채 때문에 곧 무너질 것이라고 예측한다. 이것은 인간의 본질을 잊어버리고 하는 이야기이다. 물론 자본주의에 단점이 많지만, 그래도 인간의 본성을 가장 잘 이해하고 존중하는 제도이므로 사라지기는커녕 점점 더 발전할 것이다. 다만 중간중간 위기가 있을 것이다. 이때가 여러분들이 돈을 벌 수 있는 최적기이다.

이번에 자산가치가 크게 상승할 때 투자에 편승하지 못해 조바심이 났는가? 이런 분들을 위해 앞으로 큰돈을 벌 2가지 기회를 예측해 보겠다. 첫 번째 기회는 미국과 중국의 패권전쟁 때이다. 사실 코로나가 안 왔다면 미국과 중국의 갈등으로 인해 자산가치가 한 번쯤 크게 폭락했을 것이다. 그리고 늘 그렇듯 다시 더 크게 올랐을 것이다. 그런데 코로나가 와서 두 국가의 갈등은 잠시 수면 아래로 내려갔다. 하지만 정글의 왕이 둘이 될 수 없는 것처럼 언젠가 서열 정리를 마칠 것이다. 이때 자산가격이 급락의 사이클을 보일 것이다. 자산을 진정으로 싸게 사들이고 싶다면 이때가 오기를 기다려라.

두 번째로 큰돈을 벌 기회는 남북의 교류 상황에서 발생할 것이다. 이 또한 언젠가는 이루어질 일이다. 물론 미국과 중국의 갈등보다는 먼 미래의 이야기이다. 하지만 돈을 크게 벌고 싶다면 지금부터 예측해두어야 때가 왔을 때 위기라는 오판보다 기회라는 확신으로 큰돈을 투자할 수 있다. 그동안 여러분은 과거 독일의 통일 과정을 경제적으로 잘 분석해보기를 바란다.

초반에는 서독의 자본이 상당수 동독으로 이전되면서 서독의 자산가치는 순간적으로 내려가고 동독의 자산가치는 올라갔다. 하지만 이내 동독의 경제적 부가 증가하면서 해당 자본이 다시 서독으로 대거 들어와 서독의 자산가치가 이전보다 급상승했다. 한국도 유사할 것이다. 만약 북한과의 경제 교류가 이루어진다면 한국의 주식과 부동산 자금이 순간적으로 빠져나가면서 자산가격에 큰 조정이 올 수 있다. 이때 오히려 여러분이 돈을 벌 수 있는 절호의 찬스라는 것을 잊지 말자. 북한의 경제력이 어느 정도 올라가면 그 자금의 상당수가 다시 한국으로 들어올 것이다. 그러고 나서 자산가치는 더 크게 올라갈 것이다.

필자가 돕는 자산가 고객들의 이야기를 인용하자면 앞으로 돈 벌 기회는 무궁무진하다. 그러니 조바심을 내기보다 그사이 차곡차곡 종잣돈을 모으고 실력을 쌓기를 바란다. 마지막으로 꼭 당부하고 싶은 말은 투자하느라 세상에서 가장 소중한 것을 잊지 말아야 한다는 점이다. 우리가 돈을 버는 이유는 건강하고 행복하게 살기 위해서이다. 건강해야 종잣돈을 마련할 수 있고, 투자도 오랜 기간 할 수 있다.

마지막으로 어려운 환경에서도 필자와 배우자를 올바르게 키워주신 제관, 정임, 온숙 님께 존경하고 사랑한다는 말씀을 전하고 싶다. 그리고 마음이 약해질 때마다 옆에서 중심을 잡아주는 아내 정은이와 친구 같은 아들 주원이에게 정말 사랑한다고 전하고 싶다.

회계의 신이 알려주는
주식 투자 생존법

2021년 05월 12일 1쇄 | 2021년 05월 13일 3쇄 발행

지은이 구성섭
펴낸이 김상현, 최세현 **경영고문** 박시형

책임편집 김유경 **디자인** 박선향
마케팅 임지윤, 양근모, 권금숙, 양봉호, 이주형, 신하은, 유미정
디지털콘텐츠 김명래 **경영지원** 김현우, 문경국
해외기획 우정민, 배혜림
펴낸곳 (주)쌤앤파커스 **출판신고** 2006년 9월 25일 제406-2006-000210호
주소 서울시 마포구 월드컵북로 396 누리꿈스퀘어 비즈니스타워 18층
전화 02-6712-9800 **팩스** 02-6712-9810 **이메일** info@smpk.kr

ⓒ 구성섭 (저작권자와 맺은 특약에 따라 검인을 생략합니다)
ISBN 979-11-6534-334-6 (03320)

쌤앤파커스(Sam&Parkers)는 독자 여러분의 책에 관한 아이디어와 원고 투고를 설레는 마음으로 기다리고
있습니다. 책으로 엮기를 원하는 아이디어가 있으신 분은 이메일 book@smpk.kr로 간단한 개요와 취지,
연락처 등을 보내주세요. 머뭇거리지 말고 문을 두드리세요. 길이 열립니다.